투자자로

실패라 쓰고
경험이라 읽는다

산다는 것은

투자자로 산다는 것은

초판 1쇄 인쇄 2016년 4월 15일
초판 1쇄 발행 2016년 4월 20일

지은이_ 고석준
발행인_ 전익균, 황선경

기 획_ 조양제
마케팅_ 정우진, 조동호, 김지혜
교 정_ 허 강
디자인_ 김 정
행 사_ 새빛에듀넷
제작진행_ (주)체인지컬러

펴낸곳_ 도서출판 새빛
전 화_ 02)2203-1996 팩스_ 02)417-2622
출판문의 및 원고투고 이메일_svedu@daum.net
홈페이지_ www.bookclass.co.kr
등록번호_ 제215-92-61832호 등록일자_ 2010. 7. 12

값14,000원
ISBN 978-89-92454-24-7(03320)

이 도서의 국립중앙도서관 출판시도서목록(CIP)은 서지정보유통지원시스템 홈페이지(http://seoji.nl.go.kr)와 국가자료공동목록시스템(http://www.nl.go.kr/kolisnet)에서 이용하실 수 있습니다. (CIP제어번호:CIP2016008054)

투자자로

실패라 쓰고
경험이라 읽는다

산다는 것은

고석준 지음

도서출판 새빛
SAEVIT

prologue

나의 실패가 당신의 디딤돌이 되기를 빌며

911테러와 그해 11월에 있었던 투자손실의 어려움을 겨우 추스르고 나서 고난이나 고통에 대해 많은 생각을 하게 되었던 어느 날, 나는 다소 위안을 찾고 싶어 성경책을 들었는데 평소에 마음에 두었던 성경 구절이 한눈에 들어왔다.

'사람이 감당할 시험 밖에는 너희가 당한 것이 없나니, 오직 하나님은 미쁘사 너희가 감당하지 못할 시험 당할 즈음에 또한 피할 길을 내사 너희로 능히 감당하게 하시느니라' 고린도전서 10장 13절에 나오는 이 말이 나를 다시 강하게 했다.

내가 겪고 있는 시험이나 연단은 내가 감당할 수 있을 정도의 시련이거나 아니면, 거기에는 반드시 피할 길이 있다는 말씀이 내게 위로가 되는 듯 했다. 그런데, 그 앞부분에 보니 '그런즉 선줄로 생각하는 자는 넘어질까 조심하라'(고린도전서 10:12)는 경고의 말씀이 있었다. 내가 힘들고 어려울 때 그 위기와 고통 또는 고난이 이제 마지막이길 기대하였지만, 성경에서는 아직도 내가 넘어질 수도 있음을 경고하고 있었던 것이다. 그리고 이러한 일들이 나에게 현실로 다가오고 있었다.

성공과 실패를 맛보았던 수많은 사람들을 만나서 그의 인생에 대해 들어 보면, 그들은 자신의 인생에 대해 온 밤을 지새우며 애틋한 사연을 이야기하고 있는 경우가 많다. 어느 누구도 자신이 경험한 고통과 시련의 경험들이 소중하지 않을 수 없을 것이다. 그런 의미에서 나에게도 자랑하고 싶은 영웅담같은 이야기가 있는 반면에 누구에게도 말하고 싶지 않은 아픈 기억과 고통이 있으며, 지금도 그 고통의 과정을 극복해가며 살아가고 있다. 그래도 남들과는 다소 다른 길을 걸어왔기에 나의 지내온 길들을 통해 다른 여러 사람들이 새로운 용기와 힘을 얻을 수 있도록 하기 위해 이 글을 쓰게 되었다.

나는 평범하지만, 사고뭉치였던 어린시절을 거치며, 특별한 재능이나 능력은 없지만, 신앙이라는 보이지 않는 손길이 나를 인생의 다양한 여정길로 인도하였고, 그 속에서 누구도 경험하지 못한 다양한 경험을 겪게 되었다.

중학교 1학년 때 6년만에 찾아간 시골집에서 내 몸보다 큰 짐자전거를 타다가 도랑에 처 박히면서 머리를 크게 다쳐 죽음의 문턱까지 다녀 온 경험은 죽음이 어느 날 갑자기 한순간에 다가올 수 있는 일이라는 걸 깨닫게 하였다. 그리고 이 사건은 나로 하여금 이후에 인생의 진로가 누군가에 의해 바뀌고 있음을 어렴풋이 느끼게 해주었다.

이후 나는 대학원에서 경제학을 전공하고 꿈에 그리던 증권사에 지원하였지만, 보기 좋게 낙방한 후, 인생의 진로를 바꾸어 다른 길로 들어섰다. 노동경제학을 공부하며 한국노사발전연구원의 연구원으로 근무하기도 하였고, 다수의 대학에서 시간강사 등을 거치며 대학교수의 꿈을 꾸기도 하였다.

하지만, 누군가의 보이지 않는 손에 이끌려 내 인생의 방향은 처음 꿈꾸었던 증권사로 이어졌고, 마침내 교보증권에서 최고지점장을 거치며, 억대연봉자가 되었다. 그때 나는 세상의 모든 것을 다 가질 수 있을 것만 같았고, 앞으로도 탄탄대로의 길이 열릴 것으로 생각되었다.

하지만 성경말씀에 나와 있듯이 나는 또 다른 시련과 위기를 대비했어야 했다. 911테러는 내 인생의 길을 남들이 느껴보지 못한 험난한 길로 이끌었다. 나는 당시 수백억원대의 손실을 경험하였고, 원금을 복구하는 과정 속에서 연속되는 손실과 소송으로 집까지 경매로 넘어가며, 힘든 시간을 보냈다. '선줄로 생각하는 자는 넘어질까 조심하라'는 성경말씀처럼 마지막이라고 생각했던 고난이 이어지면서 내려갈 곳이 없을 것 같은 밑바닥을 경험하였다. 나는 그 경험이 내 인생에 얼마나 소중한 것인지 잘 알고 있다. 지금까지 겪었던 고난과 연단이 이젠 나를 다시 일어나게 해주는 가장 소중한 밑거름이 되고 있다. 그 밑거름을 바탕으로 지금 난 대학에서 경제학을 가르치는 겸임교수로 그리고 증권투자 전문가로 살아가고 있다.

당신은 때로는 누군가가 당신의 길을 바꾸거나 인도한다는 생각을 해 본 적이 있는가? 지금까지 경험하였던 수많은 실패와 경험은 내 의지가 아니라 내가 겪어야만 하는 내 인생의 숙명과도 같은 길이었다는 점을 이제 고백한다. 잠언서(19:21)에 '사람의 마음에는 많은 계획이 있어도 오직 여호와의 뜻만이 완전히 서리라'는 말씀처럼 내가 걸어왔던 길은 뒤돌아보면 힘들었지만, 나에게 가장 소중한 재산이 되었으며, 내 삶의 방향등이 되고 있다. 이제는 그 경험을 바탕으로 내게 주어진 마지막 꿈의 길을 걸어가고 있다. 나는 다양한 직업과 사업을 경험해 보았고, 증권투자자로 살면서 여러 번의 투자 성공과 실패 사례를 경험하였다. 오늘 이러한 경험들을 여러 사람들과 함께 나누고 싶다.

부끄러운 내 삶의 여정을 이렇게 책으로 나갈 수 있도록 해 주신 하나님께 감사와 영광을 돌린다. 그리고 늘 옆에서 나와 함께 즐거움과 고통을 함께 감당해 온 사랑하는 아내에게 이 글을 바친다. 또한 내가 힘들고 어려울 때마다 잘못된 길로 빠지지 않도록 늘 뒤에서 격려와 함께 기도로 응원해 주신 조병성목사님과 여러분들께도 감사를 드리며, 나와 함께 고통을 나누었던 모든 분들께 감사와 위로의 말씀을 드린다. 마지막으로 부족한 글이지만 책으로 출판해 준 전익균 대표에게도 감사를 드린다.

2016년 2월 당산동에서

고석준

목차

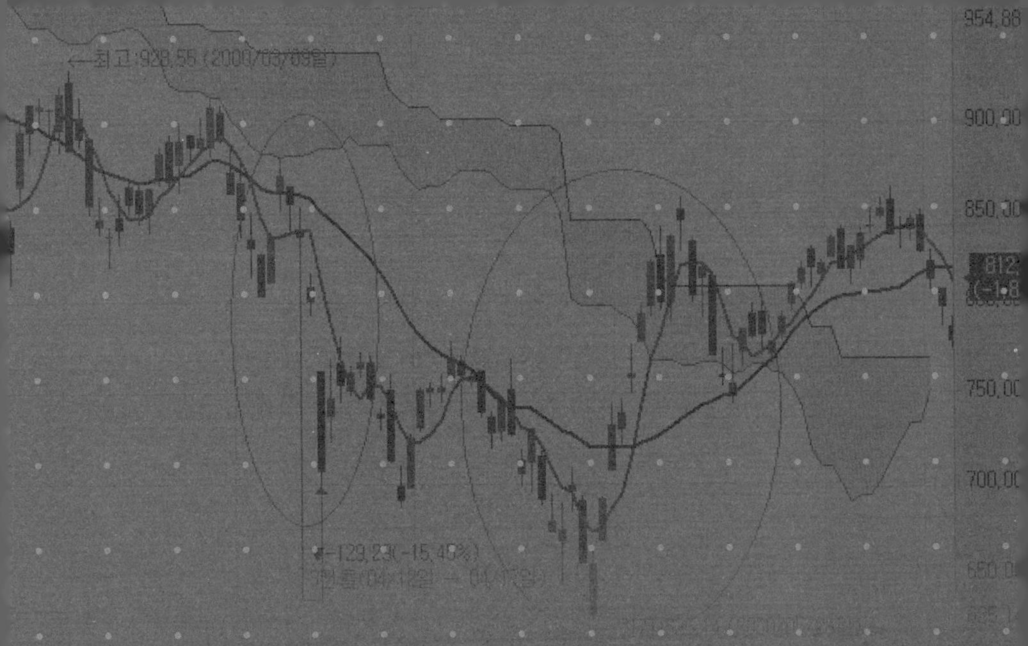

제1편

보이지 않는 손에 이끌려

1편 보이지 않는 손에 이끌려

1. 나의 어릴 적은 사고뭉치 인생

내 인생은 어떤 면에서는 사건사고가 끊이지 않았던 어린 시절을 보낸 것으로 기억된다. 죽을 위기를 경험하기도 했고 부상이나 화상을 당하는 끔찍한 사고들도 다양하게 경험했다. 성격은 조용한 편이라 참 착하고 얌전한 것처럼 보였지만, 일명 말썽꾸러기 사고뭉치였다.

어린 시절에 대한 추억은 누구나 아련한 기억속에 재미있는 추억들이 남아있게 마련이다. 지금은 시멘트공장이 들어섰지만, 그래도 동해안의 아름다운 해변 관광지로 유명한 강원도 옥계에서 태어난 나는 어린 시절을 그곳에서 보냈다. 시골집에서 할머니는 농사를 지으셨고, 아버지는 중학교 선생님이셨다. 3대 독자 집안이었기에 할머니는 아들을 많이 기다렸지만, 어머니는 그 기대를 져버리고 딸 둘을 먼저 낳았다. 그리고 세 번째에 아들 쌍둥이를 낳으니 얼마나 반가웠던지 할머니는 이루 말할 수 없이 기뻐하셨다. 나는 아들 쌍둥이 중에서 동생이자 막내로 태어났다. 어린 시절 옥계에서의 기억이 아련하게 떠오른다.

어머니는 우리들이 커가기 시작하자 교육을 걱정하며 아버지에게 서울로 이사를 가자고 설득하였다. 어머니의 설득에 아버지는 서울에 직장을 알아보셨고, 안양에 있는 관광호텔에 취업하셨다. 그래서 초등학교 2학년 초에 안양에 있는 삼성초등학교로 전학을 오게 되었다. 당시 우리가 살던 집은 안양유원지로 올라가는 중간에 있었고, 아버지는 유원지 안쪽에 있는 관광호텔에 근무하고 계셨다. 여름이 되면 많은 사람들이 유원지 제일 위쪽에 있던 관광호텔의 수영장을 찾아와 휴가를 보내곤 하였다. 나도 아버지 때문에 수영장에 공짜로 들어가서 자주 놀았던 기억이 난다.

내가 다니던 삼성초등학교는 집에서 학교까지 걸어서 20여 분 정도 거리였다. 집에서 학교로 가기 위해서는 안양유원지 하천을 건너야 했는데, 유원지 입구에 유한양행 공장이 있었고 그 앞에 다리가 있었다. 그 다리 바깥쪽은 물이 떨어지는 작은 폭포였던 것으로 기억한다.

여름 한창 장맛비가 내린 후 관악산 자락에서 많은 물들이 흘러 내리면서 유원지 하천이 넘치고 있었을 때였다. 그날 오후에 쌍둥이 형과 나는 고무신을 신고 학교에 갔다가 돌아오고 있었다. 마침 유원지의 물이 많아서 수영하기 좋을 것이라고 생각한 나는 형이 말리는데도 불구하고 유한양행 앞에 놓인 다리 위쪽에서 수영을 하겠다고 고집을 부렸다. 한창 개구쟁이 짓을 많이 하고 다녔기에 물놀이가 마냥 즐거울 때였을 것이다. 천천히 하천가로 들어갔는데, 물가에서 놀던 나는 생각보다 물살이 거세어지면서 유원지 하천의 중심으로 빨려 들어갔고, 순식간에 떠내려가기 시작하였다.

저 앞에는 유한양행의 다리가 보였다. 이제 그 다리 밑으로 빨려 들어가면 나는 다시는 돌아 올 수 없었다. 물살을 이길 수 없었던 나는 계속 떠밀려서 다리까지 왔고, 급기야는 다리 밑바닥의 콘크리트에 매달려 살려달라고 울부짖기 시작하였다.

"형. 살려줘!" , "살려줘!"

부랴부랴 형이 달려왔지만 힘이 부족하였기에 다른 사람들을 부르러 가야 했다. 그동안 나는 빠른 물살을 힘겹게 버티며 한동안 다리 밑에 매달려 있어야만 했다. 이것이 내가 처음으로 죽을 고비를 넘긴 사건이었다. 비록 어린 나이였지만, 아직도 그때만 생각하면 오금이 저려 온다.

초등학교 6학년 때 서울 용두동으로 이사를 오면서 용두초등학교로 전학을 오게 되었다. 3월 초에 전학을 왔는데, 내 학급번호가 82번이었다. 그 이후에도 96번까지 올라갔으니 지금으로서는 상상하기 힘든 콩나물교실이었다. 그것도 모자라서 저학년의 경우는 오전반과 오후반으로 구분되어 있었다.

용두동으로 이사를 오게 된 것은 그곳에 외가댁이 있었기 때문이었다. 외가댁은 7남매로 이루어진 대가족이었는데, 독실한 기독교 가정이었기에 서울로 이사를 오면서 자연스럽게 외할아버지와 외할머니를 따라 교회에 나가기 시작하였다. 그리고 지금까지 그 교회에 나가고 있으니 이제 40년은 넘게 다닌 교회가 되었다.

그 당시 어머니는 외가댁 근처에서 조그만 중국집을 운영하다가 나중에 구멍가게로 바꾸셨다. 마침 우리가 세들어 살던 집은 100년은 됨직한 오래된 일본식 2층집이었고, 1층 한쪽에는 자전거를 빌려주는 가게가 있었다. 우리집 마당 한편은 자전거를 보관하는 장소로 이용되고 있었다. 그곳이 내 인생 처음으로 자전거를 접하게 된 곳이었다. 나이가 70은 넘어 보이는 자전거포 주인 아저씨는 한 번도 자전거를 타본 적이 없는 나에게 자전거를 무료로 흔쾌히 빌려주셨다. 처음에는 작은 자전거를 빌려 타다가 조금씩 욕심이 생겨 사이클을 빌려 타기도 하였다.

2. 죽음을 맛본 자전거 사고

이렇게 시작된 자전거와의 인연은 내 인생을 바꾸는 사건의 출발점이었다. 초등학교를 졸업한 나는 추첨을 통해 그 당시 동대문 주변에서는 교육환경이 가장 좋다는 대광중학교에 입학하게 되었다. 기독교 정신에 의해 설립된 대광중고등학교는 매주 한번씩 예배를 드렸으며, 수업시작 전에도 기도로 조례를 시작하는 보수적인 학교였다.

중학교 1학년 여름방학이 시작되자, 어머니께서 오랜만에 시골집에 할머니를 뵈러 가자고 하셨다. 우리가 시골집에서 이사 온 후 그곳에서는 할머니가 혼자 외로이 살고 계셨다. 종가집이었기 때문에 시골에서 조상을 모시고 농사를 지으며 살고 계셨던 것이다.

"할머니가 너희들을 매우 보고 싶어 하실 거야."
"네 좋아요. 가요"

나는 어머니와 형과 함께 셋이서 시골집으로 내려갔다. 2차선

영동고속도로가 생긴지 얼마 되지 않았기 때문에 강릉까지는 4시간정도 걸렸으며, 다시 강릉에서 시내버스를 타고 옥계까지 한참을 들어가야 했다.

6년 만에 찾아왔지만, 어릴적 떠날 때의 시골풍경은 고스란히 남아있었다. 시골집은 넓은 밭 한가운데 있었다. 비록 허름하지만 그래도 나름대로 큰 기와집과 집 뒤뜰에 아름드리 감나무가 눈에 들어왔다. 집 뒤뜰에는 우물을 막아 만든 펌프가 있었는데, 어머니는 내가 어릴 적에 예전 그 우물에 빠진 적이 있었다고 말씀해 주셨다.

할머니는 우리를 매우 반갑게 맞아주셨다.
"안녕하세요 할머니."
"야! 이게 누구냐? 우리 손주들 왔구나. 누가 형이야?"

칠순을 훨씬 넘긴 할머니 혼자서 외로이 지내셨으니 우리가 반가울 수 밖에 없었을 것이다. 우리는 할머니에게 큰 절을 하고, 작은댁에 찾아가기로 했다. 작은 할아버지 댁은 우리 시골집에서 100m 떨어진 기슭에 있었는데, 작은댁 바로 앞에는 넓은 논이 있었고, 작은댁 입구는 경사가 져 있었으며, 한 쪽으로는 도랑이 흐르고 있었다.

작은 할아버지 댁에서도 우리를 반갑게 맞이하여 주셨다.

"안녕하세요 작은 할아버지, 할머니."

"그래, 어서와라. 반갑구나. 많이 컸구나."

이렇게 인사를 하고 나서 작은 할아버지 댁 마당을 둘러보니 커다란 짐 자전거가 눈에 들어왔다. 지금은 별로 없지만, 바퀴가 크고 짐받이가 뒤에 달린 시커먼 짐자전거였다. 무게도 상당히 나가는 자전거였다. 나는 자전거를 보니 타고 싶은 욕심이 생겼다.

"작은 할아버지, 자전거 좀 탈께요."

"그거 너무 커서 위험해!"

"조심해서 탈께요."

내가 먼저 자전거에 올라 앉았다. 자전거는 매우 묵직했지만, 한번 움직이기 시작하니 잘 달릴 수 있었다. 순식간에 시골 동네 한바퀴를 돌고 오니, 형이 기다리고 있었다.

"야! 내가 탈 차례야. 내려."

"나 한바퀴만 더 돌고 올게."

"안돼!"

"그럼 형이 뒤에 타!"

그래서 형이 짐 자전거 뒤에 올라탔다.

"자! 출발한다."

힘차게 패달을 밟았다. 그런데, 문제는 작은댁 집 입구가 경사져 있었다는 것이다. 그 경사로로 자전거가 밀려 내려가면서 자전거를 조정할 수가 없었다. 더군다나 짐칸에는 형까지 올라타고 있었으니 자전거를 조정하는 게 더 힘들었다. 급기야는 자전거가 뒤집어지면서 내가 먼저 작은 할아버지댁 옆 도랑으로 처 박혔고, 내 몸 위로 자전거가 덮쳐 버렸다. 그리고는 기억이 없었다. 나는 그대로 기절해 버린 것이다.

"석준아! 정신이 드냐?"

나는 시골 할머니집으로 옮겨져 방에 누워 있었고, 어머니가 놀란 모습으로 나를 흔들어 깨우고 있었다. 정신은 들었지만, 온몸이 아프고 머리도 깨질 것 같았다. 내 머리에서는 꽤 많은 피가 흘렀는데, 뾰족한 돌이 박힌 게 원인이었다. 목뼈가 부러질 수도 있는 상황이었는데, 이 정도만 해도 다행이었다. 내가 정신을 차리자, 어머니는 곧바로 옥계시내 보건소로 나를 업고 달려 가셨다. 당시 보건소 시설은 매우 열악하였기 때문에 마취도 제대로 하지 않고, 머리에 난 상처를 꼬매기 시작하였다. 너무 아팠다. 보건소에서는 빨리 강릉으로 올라가서 검사를 받아보라고 했다.

시골집에 도착한지 3시간도 안돼서 나 때문에 우리 가족은 곧바로 강릉으로 올라가야 했다. 나는 강릉에 있는 큰 병원에서 엑스레이를 찍었고, 다음날 서울로 올라와야 했다. 왼쪽 앞머리는 돌에 찍힌 자리 때문에 뼈가 쑥 들어가 있었다. 서울에 올라와서도 다른 검사는 하지 않았고 상처는 그렇게 아물어 갔다.

죽음이 내 앞까지 바로 왔었던 때였다. 그 당시에는 죽음이 아프지 않을 것이라는 생각도 들었다. 사고가 나는 순간 기절해 버리면서 아무런 기억이 없었기 때문이다. 중학교 시절은 그렇게 정신없이 지나갔다. 사고는 쉴틈이 없었다. 중3 때에도 나는 자전거를 타다가 오른쪽 팔목이 부러지는 사고를 당했다. 이때도 어머니께 많이 혼났다. 자전거는 나에게 무기나 다름없었다. 그 후 중학교를 졸업하고, 추첨을 통해 곧바로 대광고등학교에 올라갔다. 그건 행운이었다.

3. 머릿속에 뭉친 핏덩이와 뇌경련

내 몸에 이상이 생긴 것은 고등학교 3학년 때였다. 당시는 예비고사가 있던 시절이었고, 좋은 대학을 가기 위해 경쟁도 치열했다. 학교수업은 5시 정도면 끝이 났지만, 보충수업까지 하면 8시~9시를 넘기는 게 보통이었다. 12월 초순에 예비고사가 있었기 때문에 나는 좋은 대학에 가기 위해서 밤 늦게까지 독서실에 들렀다가 집에 가곤 하였다. 예비고사가 딱 한 달 남았을 때였다. 그날은 몸이 좋지 않아 수업을 마치고 곧바로 집으로 가기 위해 버스를 기다리고 있었다. 그런데, 몸을 마음대로 움직일 수가 없었고, 방향도 제대로 잡히지 않았다. 잠시 길거리에 앉아 쉬고 나니 정상으로 돌아왔다.

다음날 아침 어머니가 아침식사를 준비해 주셨다. 밥상을 앞에 놓고 함께 식사를 하려는데, 갑자기 몸이 부르르 떨리기 시작하였다. 그리고 왼쪽 얼굴이 일그러지고, 오른쪽 팔이 말을 듣지 않았다. 마치 간질에 걸린 사람처럼 몸을 떨다가 곧바로 기절해 버렸다. 잠시 후에 깨어보니 매우 놀란 어머니가 내 팔을 주무르고 계셨다. 내가 깨어나자 마자 어머니는 나를 데리고 성바오로병원으로 향하셨다. 신경외과에 접수를 하고 각종검사를 실시하였다. 뇌파검사, 엑스레이, 그리고 CT촬영까지 마치고 나서 의사선생님의 진찰을 받았다. 중학교 1학년 때 머리를 다친 그 상처에 문제가 생긴 것이었다.

신경외과 선생님이 CT촬영 사진을 보여주며 설명하였다.

"여기 시커먼 덩어리가 보이시죠? 그게 피덩어리입니다."

CT사진을 보니 왼쪽 앞머리 부분에 손가락 크기만 한 덩어리가 보였다.

"이전에 머리를 다쳤을 때 죽은 피가 빠지지 않고 뭉쳐서 커진 것입니다. 뇌수술하셔야 합니다." "뇌수술이요?" "예"

"예비고사가 얼마남지 않았는데요! 다른 방법이 없을까요?"

"그럼 우선 6개월 정도 약으로 죽은 피를 녹여 보도록 합시다.

그래도 없어지지 않으면 수술을 해야 합니다.
그리고 절대 안정을 취해야 합니다. 당분간은 공부도 안됩니다."
"네, 알겠습니다. 그럼 약물치료를 해 주세요"

이렇게 해서 예비고사를 한 달 앞두고 약물치료에 들어갔다. 학교수업은 오전만 참석하고 집으로 돌아왔다. 마지막 한 달을 앞두고 시험준비는 간단한 정리만으로 끝내야 했다. 형은 시내 한복판에 있는 대신고등학교에 다니고 있었는데, 서로 좋은 대학에 진학하기 위한 쌍둥이의 경쟁이 치열한 상태였다. 그래도 이만한 것이 다행이었다. 머릿속에서 핏줄이 막혀 혈관이 터져 버렸다면 나는 몸 한쪽이 마비되는 불구가 되었을 것이다.

예비고사일이 되었다. 이날도 몸 상태는 좋지 않았지만, 그래도 시험은 포기할 수 없었다. 시험장에 가서 시험을 치루었는데, 시험은 매우 어려웠고, 수학의 난이도도 매우 높았다. 한 달 후 예비고사 성적 발표가 있었는데, 역시 마지막 시험준비가 부족해서 만족스러운 성적이 나오지 못했다.

나는 머리 치료를 받고 있어서 언제 뇌수술을 해야 할지 모르는 상태였으므로 그냥 대학에 진학하기로 결정하고, 숭실대학교 경제학과에 지원하여 합격하였다. 대학 합격증을 받았지만, 마음 한구석에는 서운함이 남아 있었다. '더 좋은 대학에 진학할 수 있었는데…'라는 아쉬움도 컸다. 하지만, 하나님께서 나에 대한 더 좋은 인생계획을 가지고 계실 것이라고 믿었다. 보이지 않는 손(능하신 손)이 나를 인도해 주고 계신 것 같았다.

자전거 사고는 나에게 죽음에 대한 두려움이 무엇인지를 깨닫게 해 주었다. 죽음은 절대 두려운 대상이 아니며, 어느 순간 아무 것도 느끼지 못할 수도 있다는 점이다. 또한 이 사건으로 인해 누군가 내 인생을 이끌고 있다는 확신을 갖게 되었다.

4. 기타의 실패, 그리고 콘트라베이스의 기회

내가 대학 캠퍼스에 첫발을 내디뎠을 때는 전투 경찰들이 학교 정문 앞에서 등교하는 학생들을 지키고 서 있을 때였다. 1981년에 5.18 광주사태가 발생하였고, 대학가에는 보이지 않는 긴장감이 가득 차 있었다. 그 여파는 다음 해인 82년 봄에도 이어졌다. 학교내부까지 사복경찰이 곳곳에 배치되어 있었고 민주화를 외치는 시위 대학생은 그 자리에서 즉시 잡혀가는 모습을 보았다.

그래도 대학은 낭만이 넘치는 곳이었다. 대학에 들어가면 제일 먼저 해보고 싶었던 것이 기타를 배우는 것이었다. 중고등학생 때 교회에 열심히 나갔는데, 고등부의 내 친구들은 너무나 재능이 많았다. 기타를 치며 노래하는 것은 기본이고, 운동에 연극까지 못 하는게 없었다. 나는 그게 가장 부러웠고 그 무리들과 어울려 놀고 싶었다. 그래서 대학에 입학하자마자 제일 먼저 찾아간 곳이 음악서클이었다. 내가 그토록 바라던 기타를 배우기 위해서였다. 내가 다닌 대학에는 아쉽게도 기타서클은 없었지만, 만돌린오케스트라라는 음악서클이 있었고, 클래식기타도 가르치고 있었기에 자신있게 만돌린 서클에 가입하였고, 선생님께 면접까지 봤다.

"악기를 배워본 적이 있나요?"

"아니요. 처음입니다. 기타를 배우고 싶어 왔습니다."

"그래요. 악보를 볼 줄 아는가요?"

"찬송가는 볼 줄 압니다."

"클래식기타는 오래 걸리는데, 괜찮겠어요?"

"네 한번 해 보겠습니다."

"그래요. 그럼 매주 월요일 신입생 연습이 있으니 다음 주부터 나오세요."

이렇게 해서 기타를 배우게 되었다. 만돌린 서클은 당시 학교에서 전폭적으로 지원을 해 주었던 서클이었다. 음악을 지도해 주셨던 선생님도 수준이 매우 높아서 당시 국립교향악단에서 연주자로 활동하셨던 김선생님과 KBS교향악단의 콘트라베이스 연주단원이셨던 계선생님 두 분이 직접 지도해 주셨다. 하지만, 나는 악보도 잘 볼 줄 몰랐고, 악기도 없었다. 나는 어머니를 졸라서 클래식기타를 샀다. 그리곤 매주 연습시간마다 서클실을 찾아가 기타를 배우기 시작하였다. 서클에 같이 들어 온 동기들이 20여 명은 되는 것 같았는데, 그 중에 기타를 잘 치는 친구들이 많았다. 나는 이제 겨우 기초교본을 가지고 도레미파를 연습하는데, 내 동기들은 벌써 연주곡목을 연습하고 있었다. 너무 부러웠지만, 실력에서 차이가 나는지라 어쩔 수가 없었다.

여름방학이 되었고, 만돌린 서클에서는 매년 여름방학기간 중에 학교에서 열흘 동안의 긴 합숙훈련을 하였다. 숙소가 따로 없었기 때문에 남학생들은 학생회관 내 친교실에서 스티로폼을 깔고 잠을 잤다. 연습은 아침과 저녁으로 하루종일 했다. 이 기간 중에 대부분 연주 실력이 많이 성장하였다. 합숙 첫날에 오디션곡을 주고 마지막 날에 그 곡을 개인별로 연주하는 오디션이 있었다. 나도 카르카시 교본 중에서 비교적 쉬운 기타곡을 지정받고, 합숙기간 내내 나름 열심히 연습하였다. 물론 내 친구들은 손가락이 보이지 않을 정도로 아름다운 음악을 연주하고 있었다. 그것에 비하면 나는 초등학생이 피아노를 처음 배울 때의 불협화음과 같았다.

마침내 기나긴 합숙의 마지막날, 오디션 시간이 되었다. 신입단원들은 모두 각자에게 부여된 오디션곡을 멋지게 연주하였고, 드디어 내 순서가 돌아왔다. 나는 처음으로 무대에 올라 떨리는 마음으로 한 음, 한 음 연주를 시작하였다. 그리고 어떻게 연주했는지 모르게 연주가 끝이 났다. 모든 신입단원들의 연주가 끝이 나고 선생님의 강평이 있었다. 이 강평에서 계선생님이 나에게 의미있는 말씀을 해 주셨다.

"고석준" "네"

"오디션 연습곡을 들어보았는데, 안타깝게도 자네는 기타를 연주할 능력이 안되는 것 같아. 좀 더 쉬운 악기로 바꾸어 보는게 어떤가? 아니면 서클을 그만두어야 할 것 같네."

"네~. 그게 무슨 말씀인가요?"

청천벽력과 같은 소리였다. 그래도 서클인데, 이건 너무한 게 아닌가 하는 생각이 들었다.

"계속하고 싶습니다. 그럼 어떤 악기로 바꾸라는 것인가요?"

"자네는 손이 크니까 콘트라베이스가 어울릴 것 같아. 마침 사람이 없거든."

"아~, 네. 그럼 한번 해 보겠습니다."

합숙까지 하며 여기까지 왔는데, 여기서 그만둘 수는 없었다. 이렇게 해서 나는 졸지에 기타파트에서 쫓겨나 콘트라베이스라는 악기를 잡게 되었다. 비록 음악적인 감각은 없었지만, 콘트라베이스를 지도해 주시는 선생님의 배려 덕분에 개인레슨을 별도로 받으며 조금씩 배워 나갔다. 다행히 기타보다는 배우기가 쉬웠고, 끈기가 매우 필요한 악기였다. 그리고 얼마 후 계선생님은 서클에서 콘트라베이스를 가르쳐 줄 김영희선생님을 소개해 주셨다. 김선생님은 국립교향악단에서 활동하고 계셨던 분으로 여러 대학에도 출강하고 계셨는데, 그저 음악이 좋아서 우리 서클에 오셔서 나에게 5년간이나 무료로 개인레슨을 해 주셨다. 남들은 음악을 전공하기 위해 유명한 선생님들에게 많은 비용을 들여가며 레슨을 받지만, 아마추어인 나는 좋은 선생님을 만나서 아무런 비용을 들이지 않고 악기를 배울 수 있었다.

고백하자면 나는 정말 음악적 감각이 없는 음치이다. 지금도 악기의 음을 맞출 때면 튜너기의 도움을 받는다. 절대음감도 없고, 음악적 감성도 부족하다. 그런데, 중요한 것은 2~3년간을 계속해서 연습했더니 음악이 귀에 들어오기 시작하였고, 함께 합주하는 즐거움도 얻었다. 콘트라베이스는 멜로디가 없이 반주만 하는 가장 재미없는 악기처럼 보였지만 음악의 기둥이 되는 가장 중요한 파트였음을 알았다. 그리고 실력은 없었지만, 음악적 재능보다는 연습이 중요한 것을 깨닫게 해 주었다.

대학을 졸업하고 서클을 떠난 후에 하나님께서는 나의 조그만 재능을 사용할 수 있도록 길을 예비해 주셨다. 교회에서 주일예배시간에 악기로 찬양하는 합주단을 만들어 주셨는데 처음에는 부활절 예배 때 악기를 전공하는 사람들이 모여 특별연주를 하는 앙상블로 시작하였다. 당시 우리 교회에서는 음악을 전공하는 학생들이 몇몇 있었다. 지금은 모두 유명한 국내외 오케스트라에서 활동하고 있지만, 실력있는 전공자들이 모여서 앙상블을 만들었다. 마침 나에게도 참여할 기회가 주어졌고, 그들과 함께 아름다운 음악을 연주할 수 있게 되었다.

교회에서는 너무 보기가 좋다며 주일예배 때마다 찬양대와 함께 할 수 있는 실로암합주단을 창단하였다. 나는 86년 4월부터 악기로 찬양하기를 희망하는 단원들과 함께 만 20년간을 봉사할 수 있었다. 우리 합주단을 거쳐 간 단원들 중에는 국내 오케스트라뿐만 아니라 해외 유명오케스트라에서 활동하는 음악인도 다수 있다. 이들과 함께 찬양할 수 있었던 것은 나의 가장 큰 즐거움 중 하나였다.

지금 생각해 보면 내게는 음악적인 재능이 전혀 없어 고등학교 때 교회 친구들이 매우 부러웠던 시절이 있었다. 그리고 기타를 배우려 하였지만, 실력이 없다며 기타파트에서 쫓겨나 콘트라베이스를 잡았다. 그러나, 이것이 나에게는 가장 큰 보배였다. 나는 이렇게 내가 예측하지 못한 길로 접어든 것이 내 인생길에서 예비된 길로 가는 하나의 여정이었다고 생각된다. 이 또한 얼마나 감사한 일인가? 개인의 수고로움을 마다하지 않으시고 무료로 가르쳐 준 선생님이 계셨기에 나 또한 나의 부족한 재능을 하나님을 찬양하는데 오랫동안 사용할 수 있었음에 감사드린다. 성경에 보면 예수님께서 '너희가 거저 받았으니 거저 주라'(마태복

음 10:8)는 말씀이 나온다. 내가 거저 배운 악기는 기쁘고 즐거운 봉사에 사용할 수 있어서 너무 즐거웠다.

5. 누군가 내 길을 인도하시다

2학년 1학기가 되었을 때 군대에서 신체검사를 받으라는 통지서가 나왔다. 연세대에 다니던 형과 나는 쌍둥이였기에 신체검사 통지서가 동시에 같이 나왔다. 어머니께서는 아들 둘이 한꺼번에 군대에 가면 집안이 너무 빈다면서 동시에 두 아들이 군대에 가는 것을 반대하셨다.

나와 형은 같은 날 국군통합병원에 가서 신체검사를 받았는데, 형은 현역 입영판정을 받았다. 나는 신체검사를 받을 때 머리를 다쳤던 진료기록을 제출하였고, 신체검사장의 군의관은 나의 진료기록을 검토한 후 정밀신체검사 대상자로 지정하였다. 여기서 정밀신체검사 대상자는 한 달 동안 진료기록과 생활기록부 등을 정밀하게 검사한 후 병역판정을 내도록 하는 제도였다.

정밀신체검사를 받기 위해서 나는 성바오로병원에서 다시 CT 사진을 찍어야 했고, 초등학교부터 중고등학교 생활기록부를 제출해야 했다. 다시 찍은 CT사진에서는 머릿속에 남어있던 피딩

어리가 손톱 크기만큼으로 줄어들어 있었다. 약물치료 효과가 있었다. 하지만, 머리에 난 상처와 피멍어리는 계속 남아 있었기에 군의관은 꼼꼼하게 나의 상태를 관찰한 후 군 면제판정을 내려주었다. 어머니는 다행이라며 기뻐하셨지만, 당시에는 군에 가지 못하거나 방위를 나오면 취업이 잘 안되는 시절이라 기쁘지만은 않았다.

대학 재학시절 내내 서클에 가지 않을 때에는 친구 재진이와 함께 붙어 다녔다. 내 친구 재진이는 성격이 좋고, 인간관계가 넓었기 때문에 한시간만 같이 앉아 있으면 모든 사람들을 친구로 만드는 재주가 있었다. 그래서 조교 선배들과도 어느새 형, 동생하는 사이가 되었고, 교수님들과도 스스럼 없는 관계를 유지하고 있었다. 마치 사회생활을 오래 한 베테랑 같았다. 어느덧 졸업시기가 되었지만, 재진이는 취업에 별로 관심이 없었다. 조교 형들과 어울려 다니다 보니 다들 대학원에 진학하라고 바람을 넣었기 때문이었다.

그래서 나는 "첫 등록금만 주시면 모든 것은 제가 책임지겠습니다."라고 큰소리를 치면서 부모님을 설득하여 대학원에 진학하게 되었다. 학교 앞에서 자취를 하며 열심히 공부하였고, 다음 학기부터는 학과 조교와 장학금을 받으며 등록금을 해결하였다. 무사히 졸업을 앞두게 되면서 나는 다시 한번 인생의 방향에 대한 결정을 해야했다. 먼저 취업에 대해 고민을 했다. 더 이상 부모님께 기댈 수는 없었기 때문이었다. 하지만 이런 상황에도 불구하고 나는 석사과정을 마칠 무렵, 지도교수의 권유로 박사과정에 지원하는 것으로 결정하였고, 박사과정 입학시험을 준비하고 있었다.

박사과정 입학지원서를 제출하는 시간이 다가왔다. 그런데, 박사과정 진학을 후원하던 지도교수님께서 갑자기 보수적인 자세로 바뀌었다. 나보다 먼저 석사과정을 졸업하고 직장생활을 하던 A선배가 박사과정에 지원하겠다며 적극적으로 교수님들을 찾아다니면서 지원을 부탁하고 있던 것이다. 당연히 교수님들의 입장에서는 아무런 배경이 없던 나보다는 그 선배 쪽으로 입장이 기울었다. 박사과정 입학지원서를 제출하는 마지막 날이 되었다. 학과장과 지도교수님이 교수실로 나를 불렀다.

"석준아!"

지도교수님이 어렵게 입을 여셨다.

"A선배가 이번에 박사과정에 지원하고 싶어 하는데, 네가 양보하면 안되겠니?"

나는 아무런 답변을 하지 못했다. 박사과정에는 지도교수 외에 2인 이상의 추천서가 필요했는데, 교수님이 양보를 요청하신 것이다. 그러면서 교수님은

"네가 꼭 시험을 치르겠다면 추천서를 써 줄 수밖에 없지만 말이다…"

라며 말끝을 흐리셨다.
"네 알겠습니다. 교수님! 시험을 치르지 않겠습니다."

한 학기동안 열심히 박사과정을 준비했는데, 모든 것이 물거품이 되는 순간이었다. 나는 조용히 교수실을 나와서는 들고 있던 입학지원서를 찢어 버렸다.

학과 교수님들의 일치된 추천에 의해 A선배가 박사과정에 지원서를 제출한 후 대학원 입학시험이 치루어졌다. 그리고 며칠 후 시험 결과가 발표되었다. 그런데, 당연히 합격하리라고 예상했던 A선배가 시험에 떨어졌다. 지도교수님은 더 이상 나에게 말을 할 수가 없었다. A선배를 위해 나의 시험지원을 막으셨는데, 엉뚱한 결과가 나온 것이다.

6. 증권사 도전과 박사과정 진학

'네 꿈이 무엇이냐?'
나는 내 자신에게 질문을 던지고 있었다.

석사과정을 마치고 취업시험을 준비해야 했다. 특히 군대를 면제받았기 때문에 남들보다 나이가 어리다는 점은 있었으나 가산

점을 받지 못하는 불이익이 있을 수 있었기에 더욱 신경이 쓰였다. '어느 분야로 취업을 해야 하나?' 고민이 컸다. 88년 당시는 올림픽이 열리는 시점이었기에 우리 경제가 빠른 속도로 성장하는 시기였고, 증권업종도 호황을 누리고 있었다.

경제학을 전공하였기에 금융분야로 취업방향을 정하고, 특히 증권사에 취업기회를 찾아보기로 하였다. 당시에는 대기업들이 각 대학교에 취업원서를 할당해 주고 있는 시기였기에 취업원서를 받는 것도 쉽지는 않았다.

증권사에 입사하고 싶었지만, 우리 과에는 입사원서가 오지 않았다. 그래서 당시 쌍용투자증권에 계셨던 작은 아버지께 부탁드려 입사시험을 치를 수 있는 입사지원서를 보내달라고 부탁을 드렸다. 최소한 시험은 응시해 보고 싶었던 것이다. 작은아버지의 도움으로 입사시험을 치룰 수 있는 기회가 주어졌지만, 경쟁률은 100:1이 넘었다. 나름 열심히 하였지만, 낙방하고 말았다. 첫 번째 취업도전은 실패였다.

다음으로 삼양식품에 지원하였다. 서류전형과 시험 모두 합격하고, 20여 명만 보는 최종 회장 면접까지 올라가게 되었다. 종로1가에 있는 삼양식품본사에서 최종면접이 있는 날이었다. 면접장에는 긴장한 지원자들이 대기실에서 최종면접을 기다리고 있었다.

“자리에 앉아 주시고, 호명하면 앞으로 나오시기 바랍니다.”

앞 순서부터 간단한 질문이 시작되었다. 이제 내 순서가 되었다.

“고석준”

“예!”

인사담당자의 첫 번째 질문이 이어졌다.

“어디서 군복무를 했나요?”

“군대를 면제 받았습니다.”

잠시 침묵이 흘렀다. 그리고는

“왜 면제되었지?”

“머리를 다쳤었습니다. 그리고 그 후유증이 있어 면제를 받게 되었습니다.”

더 이상 나에게는 질문이 이어지지 않았다.

이렇게 내게는 취업의 기회가 사라지고 말았다. 그 이후에도 계속 취업시험에 지원했지만, 대부분 군 면제로 인해 취업을 할 수 없었다. 가장 희망했던 증권사도 그렇고, 일반기업에서도 취업을 하기 위해서는 넘어야 하는 벽이 있었던 것이다. 그래도 아직은 취업을 준비할 시간이 있었기에 도서관에서 취업을 준비하고 있었다.

‘주님 어디로 가야 하나요?’

'제가 가야 할 길을 알려주세요.'

마음속으로 늘 기도하면서, 좋은 길이 열릴 것이라는 기대를 버리지 않고 있었다.

도서관에서 취업준비를 하고 있던 11월의 어느 날 지도교수님께서 급하게 나를 찾는다고 조교가 알려주었다. 갑작스럽게 무슨 일일까? 궁금한 마음을 가지고 교수님을 찾아갔다.

"안녕하세요 교수님."

"어서와라!"

"잘 지냈지?"

"네, 도서관에서 취업준비를 하고 있어요."

"그래."

교수님은 말씀을 이어갔다.

"내가 부른 것은 이번에 박사과정 입학시험에 다시 한번 응시해 보는 게 어떤가 해서 불렀다."

나는 놀라서 교수님께 되물었다.

"박사과정을 다시 지원하라고요. 지난번에는 시험을 치루지 못하게 하셨잖아요"

"그래, 지난번은 A선배 때문에 어떻게 할 수가 없었단다. 미안하다. 하지만, 이번에 다시 한번 지원해 보는게 어떻겠니? 그런데, 한가지 조건이 있단다."

"그게 뭔가요?"

교수님은 아주 신중하게 말씀하셨다.

"이번에 박사과정을 지원할 때는 지도교수를 바꾸어 노동경제학으로 했으면 한단다."

지도교수를 바꾸는 것은 굉장히 중요한 문제였다.

"전공을 노동경제학으로 바꾸라고요?

그럼 지도교수님은 누가 해 주실 건가요?"

"김성진교수님이 너를 맡아 주신다고 하셨다."

지도교수님께서 박사과정 전공을 바꾸라고 하신데는 나름대로 생각이 있으셨던 것 같다. 가장 가까우셨던 김성진 교수님과 협의해서 결정한 일이라고 하셨다.

87년 6.29선언이 있은 이후, 노동조합 결성이 자유화되면서 노동운동이 막 불붙기 시작한 시점이어서 노사관계가 매우 시끄러운 시절이었으나, 노동경제학 전공자는 많지 않았다.

"네 알겠습니다. 한번 생각해 보겠습니다."

며칠 후 김성진교수님을 찾아뵈었다.

"안녕하세요. 교수님!"

"어서와라."

"교수님께 여쭈어 볼 것이 있어 찾아왔습니다. 지도교수님께서 노동경제학으로 전공을 바꾸어 박사과정에 지원하라고 하셨어요. 교수님, 지도교수를 맡아 주실 수 있으신가요?"

"그래, 앞으로 노동경제학이 발전가능성이 크니까 한번 내 밑에서 공부를 해 볼 생각이 없냐? 김교수님과는 이미 논의를 했단다."

"시험준비도 안돼 있는데, 괜찮을까요?"

"열심히 하면 되지. 뭐, 걱정이냐?"

"네 알겠습니다. 부모님과 상의해 보겠습니다."

먼저 어머니와 싱의를 해야 했다. 취업을 해서 가정에 도움을 드려야 하는데, 공부를 더 한다면 부모님께도 부담이 될 수 밖에 없는 상황이었기 때문이었다.

"어머니! 교수님께서 박사과정에 다시 지원하라고 하시는데요. 어떻게 할까요?"

당시 형도 군대에서 제대를 한 후 복학을 하고 대학교에 다니고 있었기 때문에 여유로운 형편이 아니었다.

"그건 네가 알아서 결정해라. 하지만, 금전적인 도움은 더 이상 해줄 수 없구나. 석사과정도 힘들게 마치지 않았니? "

"네! 알고 있어요. 그래도 한번 도전해 보고 싶어요.

그럼 등록금은 제가 알아서 해결할테니, 허락해 주세요."

"알았다."

일단, 어머니의 승낙을 받았다. 곧바로 박사과정 지원서를 작성하고, 교수님의 추천서를 받은 후 대학원에 입학원서를 제출하였다. 시험까지는 3주일 정도 밖에 여유가 없었다. 석사과정 마지막 학기 때 박사과정 진학준비를 하다가 중단했었기 때문에 부족한 부분을 보충하며, 시험을 준비할 수 있었다. 다행히 나는 박사과정 입학시험도 무사히 마치고, 합격증을 받게 되었다. 이렇게 다시 돌고 돌아서 원래 가려했던 박사과정을 가게 되었다.

박사과정에 합격하자마자 새롭게 지도를 맡으신 김성진교수님께서 나를 부르셨다.

"합격을 축하한다."

"감사합니다. 교수님. 그런데, 등록금을 아직 마련하지 못했어요."

교수님은 빙그레 웃으시며 말씀하셨다.

"이번에 노사관계대학원이 새로 만들어 진단다. 네가 대학원 조교를 맡아주었으면 좋겠다. 물론 등록금 전액이 나오는 거니까 걱정하지 말아라."

"감사합니다. 교수님."

박사과정에 합격했지만, 가장 큰 걱정이 등록금이었다. 그런데, 하나님은 이미 다른 방법으로 내 등록금을 준비해 놓고 계셨던 것이다. 이렇게 해서 나는 등록금 걱정 없이 박사과정에 진학하게 되었다. 내가 처음 박사과정을 진학하기로 마음먹었을 때, 교수님들이 추천서를 써 주지 않아 진학을 포기해야 했다. 그리고 증권사 지원도 실패하고, 일반 대기업 취업도 군문제로 낙방하였다. 그런데, 이제 거꾸로 교수님이 박사과정 입학을 지원해 주셨고, 비록 전공이 바뀌기는 했지만, 입학부터 등록금 걱정을 하지 않도록 조교자리를 만들어 주셨다. 나는 이 모든 것이 하나님이 준비해 주시는 방법임을 깨닫게 되었다.

7. 나를 더 좋은 곳으로 이끄는 계획들

박사학위 과정을 마칠 때까지는 5년의 긴 시간이 필요했다. 첫해에는 대학원 조교로 등록금을 마련했으며, 그 다음 해에는 지도교수님의 소개로 이제 막 발족한 재단법인 한국노사발전연구원의 연구원으로 취업을 할 수 있었다.

연구소에서는 국내외 유명석학들을 초빙하여 국제노사관계 세미나를 다수 개최하였는데, 그 준비를 3명의 연구원들과 사무직원이 담당하였다. 이때 함께 근무했던 연구원들은 지금 국내 유명 학자로 활동하고 있다. 나는 연구원으로 근무하면서 박사과정을 마칠 수 있었고, 또한 여러 대학에 출강하면서 강의경력도 쌓기 시작하였다. 연구원을 다니던 시절, 같은 서클에서 만돌린을 연주하던 아내를 만나게 되었고, 92년 여름에 결혼하여 가정을 이루었다. 아내는 수학을 전공하였고, 졸업 후에 직장을 잠시 다니다가 결혼 후부터는 학원에서 아이들을 가르치고 있었다.

논문을 준비하는 가운데 나는 94년 초부터 1년간 잠시 파견업 협회에서 사무국장으로 활동하게 되었다. 명칭은 협회였지만, 당시 근로자파견업이 불법이었기 때문에 법제화를 위한 노력이 한창 이루어지고 있었다. 따라서 개별 근로자파견업체들이 모여서 파견업협회를 만들고, 파견법의 제정과 회원사들의 유대강화를 목적으로 사무실을 운영하였던 것이다. 사무실 직원은 나와 여직원 2명이 전부였다. 협회 초창기였었기 때문에 파견업체들의 회원가입을 유도하고, 정기적인 소식지를 발간하며, 세미나를 개최하는 일이 주된 업무였다. 이 짧은 기간 동안이나마 접했던 파견업에 관한 경험은 추후 유용한 방향으로 활용하게 되는 계기가 되었다. 살아가며 습득하게 되는 여러 가지 경험들은 어떠한 형태로든 유용하게 사용되는 것을 깨달았다.

한창 학위논문을 준비하던 시기에 나의 지도교수님께서 학교 총장에 취임하게 되면서 논문지도는 늦어지고 있었다. 이런 상황이 발생하자 어느 날 교수님이 나를 연구실로 부르셨다.

"안녕하세요! 교수님."

"그래, 이제 너도 논문을 준비해야지. 논문방향은 정했냐?"

"네. 주제를 정했습니다. 퇴직금제도를 연구해 보려고 합니다. 이제 자료를 정리하고 있습니다."

"응, 사실 네 논문을 지도해 주어야 하는데, 학교 업무를 보게 되면서 시간을 낼 수 없구나. 그래서, 너에게 새로운 교수님을 소개해 드리려고 해. 그분이 나 대신 논문지도를 담당해 주실 거다. 인사해라."

교수님 옆에는 낯선 분이 앉아 계셨다. 노동경제학을 담당할 새로 오신 조준모교수였다. 아주 젊은 나이에 미국 최고의 대학인 시카고대학에서 학위과정을 마치고 새로 교수로 부임하신 것이다. 마치 형님과 같은 분이셨다.

"안녕하세요. 고석준입니다. 잘 부탁드립니다."

"반가워요."

이렇게 해서 내 논문은 조교수님의 지도 아래 일사천리로 진행되었다. 특히 이론에 매우 밝으셨기 때문에 논문의 기초를 세우는데 매우 큰 도움을 주셨다. 이후에도 조교수님과 함께 많은 연구 활동을 하였다.

한편 박사과정을 밟는 중에 멀리 동해에 있는 삼척산업대학교에 출강을 다녔다. 마침 삼척산업대학교에서는 내가 박사학위를 받는 시점에 2명의 교수를 초빙할 계획이었는데, 나는 학교에 출강하면서 열심히 교수님들과 유대관계도 쌓으며 임용받기 위해 많은 정성을 들였다.

1994년 12월 마지막 주에 삼척산업대학교 경제학과의 교수초빙 면접이 있었다. 20여 명의 박사들이 지원하였다. 2년여 동안 정성스럽게 공을 들였고, 학과장도 적극적으로 나를 1순위로 추천해 주었다.

학과장은 "고박사, 이번에 꼭 경제학과 교수로 초빙될 거야."라면서 격려의 말을 아끼지 않았다. 대부분 학과에서 1순위로 올라가게 되면 특별한 하자가 없는 한 교수로 초빙되는 것이 일반적인 관례였지만, 이번에는 학과장의 추천보다는 총장이 추천한 후보가 교수로 초빙되었다. 이렇게 해서 교수로서 첫 인생을 출발할 자리가 사라지고 말았다. 나는 실망하지 않았다. '그래 하나님께서는 더 좋은 길을 예비해 주실 거야. 기다리자.'라는 생각이 들었다.

> '사람의 마음에는 많은 계획이 있어도 오직 여호와의 뜻만이 완전히 서리라'(잠언 19:21)

나는 이 말씀을 매우 좋아해서 늘 마음에 간직하고 다닌다. 지금까지 박사과정을 마치는 동안 내 의지나 방향대로 된 것은 없었다. 자전거 때문에 죽을 고비를 넘긴 것이나, 그로 인해 군대를 면제받고 대학원에 진학한 과정이 그랬고, 취업 준비를 하다가 박사과정에 우여곡절 끝에 진학하게 된 것도 그렇다. 그런데, 앞에서 일어나는 우연같은 사건들이 하나님께서 나를 더 좋은 길로 이끄는 계획이셨음을 후에 알게 되었다. 나를 향한 하나님의 완전한 다른 계획이 있으셨던 것이다. 박사과정을 거치는 것 또한 주님께서 나를 훈련시킨 과정이었던 것이다.

8. 첫 번째 도전 - 방통대 학습방과 속셈학원

마침 교회 친구 중에서 방송통신대 전산학과에 다니는 친구가 있었는데, 한번은 나에게 방송통신대 학생들이 모이는 뚝섬 강의실에서 방통대생을 대상으로 보충강의를 해달라고 하는 것이었다. 친구 부탁으로 뚝섬에 있는 조그만 학과 모임방에 가서 경제학 관련 강의를 해주었는데, 나는 여기서 새로운 사업기회가 되지 않을까 하는 생각을 갖게 되었다. 그 사업기회가 바로 방송통신대 학생들을 대상으로 하는 학습방이었다. 방통대 학생들은 인원이 많아 학과별로 그룹 모임방을 많이 하고 있었기 때문에 그들을 대상으로 강의장을 빌려주고, 주요과목을 개설해서 강의하면 수익원이 될 것이라 생각한 것이다.

하지만, 평생 사업이나 창업 한번 해보지 않은 나였기에 수요나 비용분석도 전혀 없이 그냥 무조건 성공할 것이라는 기대감만으로 사업을 시작하였다. 먼저 뚝섬역 방송통신대 학습관이 있는 골목 2층에 강의실을 임대하였다. 강의실 의자와 칠판, 그리고 자판기와 사무집기도 마련하였다. 아내는 처음부터 사업계획을 잘 세우고 서두르지 말고 심사숙고하자고 말했지만, 나는 첫 사업에 대한 강한 확신 때문에 아무런 충고도 들어오지 않았다. 나는 먼저 일을 저지르고 보는 급한 성격을 가지고 있었다. 지금처럼 벤처 창업이나 정보가 있었다면 많이 달라졌겠지만, 정말 사회 초보로서 무식한 도전이었다. 한 달에 걸친 준비 끝에 95년 4월, 뚝섬에 강의실과 사무실을 마련하고 방송통신대 학습방을 개설하였다. 그리고, 학습방을 홍보하기 시작하였다.

이 학습방은 방통대생들에게 임대하기도 하고, 강사를 초빙하여 공통과목을 개설하고 수강료를 받을 목적이었다. 일명 특화된 방통대생 전용학원이었던 것이다. 2개의 강의실이 있었는데, 1주일에 한두번 정도는 강의실 임대가 이루어졌지만, 예상과 달리 특강이 진행되지 못하면서 수입이 전혀 나오지 않았다. 두달간 학습방을 개설하고 운영해 보았는데 완전 적자였다.

아내가 "그것봐! 당신이 해 보고 싶다고 해서 허락했는데, 확실하지? 잘 생각해 보라고 했잖아." 사업성이 없다고 생각되면 빨리 결정하고 과감하게 정리하는게 최상이었다.

그렇다면 어떻게 정리하는게 좋을까? 이런 저런 궁리를 시작하였다. 학습방에 있는 책걸상을 모두 이용하여 할 수 있는 일이 무엇일까 궁리하다가 속셈학원을 해 보면 좋을 것이라는 생각이 들었다. 그래서 한창 신도시로 개발되고 있던 고양시 일산으로 들어갔다. 일산에는 아무 연고도 없었지만, 깨끗하게 정비된 도시와 단독단지 주변이 매우 좋아 보였다. 일산 밤가시마을 단독단지를 둘러보다가 학원을 하기에 딱 좋은 건물이 눈에 들어왔다. 1층에는 30평 정도되는 상가 자리가 있었고, 2층에는 2가구 주거가 가능한 집이었다. 주인은 3층에 살고 계셨다.

뚝섬에서 방통대 학습방을 하느라 손실을 보았기에 이제 남은 돈은 1천만원이 조금 넘었다. 그래서 학원과 2층 주거집을 함께 묶어 월세로 계약을 했다. 한달에 150만원 정도 비용이 들어가게 생겼다. 95년 7월에 계약을 하고, 속셈학원 공사에 들어갔다. 최대한 비용을 들이지 않고, 학원에는 칸막이만 세웠고, 뚝섬 학습방에 있던 의자와 책상을 그대로 이용하기로 하였다. 학원 이름은 초석학원이라 지었고, 아내가 원장을 맡았다. 초등학생과 중학생들을 대상으로 수학과 영어를 가르치기 시작했다.

다행히도 그 주변에 큰 학원이 없었기 때문에 학원은 조금씩 학생들이 생기기 시작하였다. 한 달간 수고하여 월세를 낼 수 있었고, 학생이 늘어날 때마다 초등학생을 가르치는 보조 교사를 채용하기도 하였다. 나는 대학교에 시간강사로 강의를 다녀야 했기 때문에 속셈학원 운영은 아내가 모두 담당하였다. 학생 수가 늘어나면서 봉고를 구입해 학생들을 아침 저녁으로 실어 날랐다.

방송대 학습방은 구체적인 사업계획을 세우지 않고 무모하게 처음 시도하였다가 실패한 사업이었고, 이로 인해 속셈학원을 할 수 밖에 없었지만 나에게는 좋은 경험임과 동시에 이후에 또 다른 도전을 하는 중요한 밑거름이 되었다.

제2편

도전과 실패의 반복 그리고 성공의 끝자락

제2편 도전과 실패의 반복 그리고 성공의 끝자락

9. 소망이 이루어지는 날

나는 꿈을 꾸게 되면, 그 꿈은 언젠가는 반드시 이루어지는 것이라 생각한다.

시간강사로 여러 대학을 오가며 하루하루를 보내던 어느 날, 조교수님이 나를 찾으셨다. 학기 중이라 자주 뵙지는 못했지만, 안부 인사는 늘 하던 차였기에 반갑게 나를 맞아 주셨다. 지난번 삼척산업대 교수임용에 실패한 후 아직 자리를 찾지 못하고 있을 때였다.

조교수님은 나에게

"고박사, 혹시, 증권사에 취업할 생각이 없나?"

"증권사에요?"

나는 눈이 번쩍 들어왔다.

이전에 증권사에 취업하려다 실패하였던 적이 있었기 때문이다.

"저는 증권을 잘 모르는데요?"

노동경제학을 전공하였기 때문에 금융 쪽에는 사실 자신이 없었다.

"이번에 교보증권에서 이론경제학을 전공한 사람을 경력자로 찾고 있는데 고박사를 추천해 수고 싶어."

"저를요? 한번 지원해 보겠습니다. 꼭 추천해 주세요."

이렇게 해서 교보증권에 면접을 보게 되었다. 95년 10월이었는데, 당시는 아직 우리나라에 파생상품시장이 개설되기 전이었기 때문에 선물옵션시장을 준비하는 선물옵션팀에서 인력을 모으고 있었다. 조교수님의 추천으로 교보증권을 방문하여 선물옵션팀장과 사장님의 면접을 보게 되었다. 면접은 사장실 옆 회의실에서 이루어졌다. 이미 간단한 약력과 자기소개서가 전달된 상태였다.

"안녕하세요 고석준입니다."

"반갑습니다. 전공이 어떻게 됩니까?"

"이론경제학 중에서 노동경제학을 전공하였습니다."

"선물옵션에 대해 알고 계신가요"

"잘 모르지만, 연구해 보겠습니다."

"그래요. 내년에 우리나라도 선물시장이 개설되는데, 그에 필요한 시스템을 개발해야 합니다. 한번 도전해 보시겠어요?"

"네, 최선을 다해 보겠습니다."

이미 교수님의 추천을 받은 덕분에 면접은 형식적인 것이었다.

함께 계신 인사담당 임원께서

"직위는 어떻게 해주면 좋을까요?"라고 질문하셨다.

"저는 직위에 대해 잘 모르겠습니다만…"

"박사님이라서 과장으로 대우해 주고 싶기는 하지만, 증권업에 처음 들어오는 것이니 우선 대리로 입사하시고, 내년 3월 정기인사때 과장으로 승진시켜 드리지요."

"네, 알겠습니다."

취업은 이렇게 일사천리로 이루어졌다. 그리고 약속대로 다음해 3월에 과장으로 승진하였다.

내가 그렇게 들어가고 싶어 했던 증권사를 그것도 경력직 대리 마지막 호봉을 받으며 입사한 것이다. 만약에 석사과정을 마치고 증권사에 곧바로 입사했다면 대리로 승진하였을 자리였는데, 매우 놀라운 진출이 아닐 수 없었다. 하나님은 더 좋은 방법으로 내가 꿈꾸었던 증권업에 대한 길을 예비하셨던 것이다. 꿈을 꾸는 자는 언젠가는 반드시 이루어진다고 늘 생각하고 있었는데, 그 꿈이 이루어진 것이다.

10. 선물옵션시장에 첫 걸음

95년 10월 30일은 교보증권에 첫 출근한 날이었다. 증권이나 금융분야를 전혀 접해보지 못했던 내가, 증권업무 중에서도 가장 복잡한 선물옵션팀에 경력자로 입사를 했으니 참으로 놀라운 일이 아닐 수 없었다. 다행히도 국내선물시장은 96년 5월에 개설 예정이었기 때문에, 충분하지는 않지만, 준비를 할 시간이 있었다. 이때부터 선물옵션에 관련된 자료들을 살펴 보기 시작하였다. 직접 거래도 못해 본 상태에서 단지 이론서적만을 중심으로 관련자료를 수집하고 필요한 정보를 정리해야 되었다.

내가 맡은 업무는 선물시장에서 차익거래 시스템이라는 것을 만드는 것이 주 업무였다. 선물시장이란 시장에서 필요로 하는 상품을 먼저 사고 파는 계약을 거래 하는 시장이었는데, 대부분 금이나 은, 원유, 구리 등 상품선물이 주축이었다가 점차 주식시장에도 도입이 되면서 주가지수를 대상으로 선물거래가 가능하게 된 것이다. 우리나라도 처음으로 kospi200지수를 대상으로 한 주가지수선물시장의 개설이 예정되어 있었고, 이 시장에서 차익거래라는 시스템 거래를 준비하는 것이 내게 주어진 임무였다. 모든 것이 처음 도입되는 것이라 다른 사람들도 아직 생소한 분야였으며, 우리 선물옵션팀 팀장님만이 심야에 해외통화선물거래를 통해 접하고 있었다. 당시에는 은행이나 몇몇 소수의 전문

트레이더만이 접할 수 있는 전문분야였다.

선물시장 개장을 위한 준비는 상당히 복잡하였다. 먼저 선물거래가 가능하도록 선물거래정보를 보여주는 차트와 화면이 필요했으며, 주문시스템과 이에 따른 결제시스템 관련 후선업무가 필요하였다. 우리 팀에서는 이러한 준비를 각 파트별로 나누어 준비하였다. 내가 맡고 있는 차익거래 시스템은 복잡한 과정이 필요했다. 차익거래란 주식과 선물가격 간의 일시적인 불균형이 발생하였을 때, 그 차이를 이용하여 상대적으로 가격이 높은 선물이나 주식상품을 매도하고, 반대로 가격이 낮은 주식이나 선물을 매수하였다가 만기일에 동시에 청산함으로써 수익을 얻게 되는 구조였다. 따라서 차익거래 기회를 포착하고, 그에 따라 주가지수선물을 매수하거나 매도하는 한편, 그와 동일한 규모의 주식바스켓을 만들어 동시에 주식을 대량으로 주문을 넣는 시스템이 필요하였다. 매도차익거래 기회가 발생할 때는 대량의 주식을 대차시스템을 통해서 증권예탁원에서 빌려온 후 매도하는 경우도 발생하였다.

96년 5월 6일에 선물시장이 개장되었지만, 시장 초기라서 거래량이 많지 않았기 때문에 차익거래 기회는 96년 후반부터나 가능했으며, 내가 만든 시스템도 완성되었다. 그리고 드디어 테스트거래가 이루어졌다.

지금은 모든 거래가 전산으로 자동화되어 있어 한꺼번에 주식과 선물의 주문을 동시에 처리할 수 있지만, 96년 당시만 해도 전산도입 초기였고, 대량 주식주문이 불가능한 상황이었기 때문에 차익거래기회가 발생하게 되면 장 시작 전이나 점심시간 동시호가를 이용해서 주문을 넣어야 했다. 주식주문은 모두 담당 여직원이 30~50종목에 이르는 바스켓 종목을 수작업으로 입력하여 주문을 넣는 초보적인 수준이었다.

하지만, 결과는 매우 만족스러웠다. 초기 테스트를 통해 수익이 발생하였고, 97년 초반부터 본격적인 차익거래 매매를 시작하였다. 97년 초반은 우리경제가 IMF에 들어가기 전의 불안한 상황이었기 때문에 주가지수가 하락하고 있는 시기였고, 매도차익거래 기회가 나타나고 있었다. 보통 한번에 10억원 정도 규모로 차익거래를 실시하였는데, 97년 3월까지 내가 운용한 차익거래 펀드는 100억원에 가까웠다. 그리고 한달 만에 10여억원의 수익이 발생하였다. 회사측에서는 매우 고무된 상태로 큰 관심을 보였고, 나의 역할은 더욱 확실해져 갔다.

97년 여름에 아내가 운영하던 속셈학원의 임대기간이 끝나자, 우리는 미련없이 학원을 정리하였다. 이때까지 방통대 학습방을 하느라 빚을 졌던 돈을 모두 갚을 수가 있었고, 회사로부터 주택구입자금 3천만원을 대출을 받아서 당산동 처가 옆에 있는 조그만 연립을 구입하여 이사하게 되었다. 다섯 번을 이사한 이후에 첫 번째로 마련한 우리집이었다. 나의 책과 짐 때문에 집이 좁아 보이기는 했지만, 얼마나 감사한 일인지 모르겠다. 그리고 매우 뿌듯하였다. 여의도 교보증권 본사까지는 출근거리도 매우 가까웠다.

당시 우리나라 경제는 한보그룹과 기아차가 무너지면서 서서히 IMF 체제로 들어가고 있었다. 900포인트에 근접하였던 주가는 속절없이 하락하며 600선까지 무너지고 있었다. 선물옵션팀에 근무하며, 주식시장을 가까이서 살펴보고 있던 나는 한보와 기아차, 그리고 국내기업들이 연쇄적으로 무너지면서 빠른 속도로 외환보유고가 빠져나가는 것을 지켜보고 있었다. 참으로 시장은 암담한 모습이었다. 97년 하반기로 들어서자 주가하락 속도는 더욱 가팔라졌으며, 상장기업들도 도산하고 퇴출하는 기업들이 나오기 시작하였다. 회사분위기도 점차 어수선해져 갔다.

증권영업을 하는 영업직원들이 한 두명씩 사라졌다는 소식이 들려오기 시작하였다. 퇴직하는 것이 아니라 야간도주하는 것이었다. 고객들과 친인척의 돈을 관리하다가 손실이 나면서 감당할 수 없게 되자 직원들끼리 맞보증을 서며 대출을 받아 투자를 하였고, 이 또한 손실을 보면서 잠적하는 사태가 발생하기 시작한 것이다.

9월이 되면서 회사에 인사이동과 함께 대규모 조직개편이 이루어졌다. 내가 있던 선물옵션팀은 해체되었고, 대신에 파생상품영업팀이 새로 생겼났다. 그리고 나는 자산운용팀으로 배치되며, 차익거래시스템 운용을 담당하게 되었다. 자산운용팀에는 회사에서 주식영업으로 인정받았던 동료들이 함께 배치되었다.

11. 명퇴와 뼈아픈 투자실패 - 처음으로 깡통을 맛보다

교보증권에 입사한 나는 주식투자를 하지 않았다. 주식을 잘 모르기도 하였지만, 투자자금이 없었기 때문이다. 그런데, 97년 가을에 자산운용팀에서 함께 근무하던 K과장이 주식이 많이 빠졌으니, 이제 조만간 반등이 올 것이라며 좋은 종목이 있으니 함께 주식투자를 해 보자고 권유를 해 왔다.

그 친구는 나름 그 분야에서 인정을 받고 있었기 때문에, 그의 말을 믿고 주식투자를 결정하였다. 그리고 평화은행에서 서로의 신용을 담보로 1000만원씩을 대출받아 주식투자를 하기로 하였다. 먼저 계좌를 만들고 대출자금을 입금한 다음, 주식매수기회를 기다렸다.

97년 10월, 주식시장 분위기는 외환이 바닥나서 국가부도 사태인 모라토리움을 선언할 수도 있다는 소문이 들리고 있었다. 그런데 경제부총리는 연일 방송에 나와 경제 체질이 안정적이라며 걱정하지 않아도 된다는 말만 되풀이하고 있었다. 주식 종목들은 연일 하한가를 거듭하는 시기였기 때문에 매우 조심스러운 시점이었으나 나는 초보주식투자자로서 동료가 추천하는 종목에 따라 들어갔다. 그가 추천한 종목은 현대목재였는데 1만원 하던 주가가 급락하며 3000원 선까지 하락하여 있었다. 큰 마음을 먹고 매수주문을 넣었고, 그것으로도 모자라 주식담보대출을 통해 신용으로 매수까지 하면서· 총매수금액을 2500만원까지 늘렸다. 1000만원으로 2500만원까지 매수를 한 것이다.

남의 말만 믿고 한 종목에 몰빵투자를 한 것이다. 그런데, 주식을 매수한지 2~3일이 지나자 매수종목은 계속 하한가로 떨어지며 손실이 점차 커져갔고, 단 3일만에 투자금 1000만원이 거의 바닥나며 반대 매매가 이루어졌다. 남은 금액은 단돈 10만원. 너무나 허무하기도 하였지만 어이가 없었다. 나의 무모한 주식투자 도전은 이렇게 깡통으로 빚을 남기며 마감하였다.

그리고 또 다른 빚이 생겨났다. 마침 여의도 선경증권 본사에 근무하던 대학원 선배가 11월 오후에 만나자고 연락이 왔다. 같이 저녁식사를 하게 되었는데, 나에게 1000만원만 빌려달라는 것이었다. 나도 동료와 맞보증으로 대출받았다가 깡통이 났기 때문에 돈이 없다고 하자, 자신이 이자를 대신 내줄 테니 내 이름으로 해동상호신용금고에서 담보대출을 받아 달라는 것이었다. 참으로 난감한 상황이었으나 선배를 잘 알고 지냈기 때문에 아무런 의심없이 1000만원을 대출해 주었다. 그런데, 선배는 첫달치 이자만 납부한 채 잠적해 버렸다. 그는 이미 주식투자로 상당한 손실이 발생한 상태에서 나를 찾아왔고, 나는 아무런 의심도 없이 돈을 빌려 준게 화근이었다.

여기에 당시 교보증권은 미상장된 상태였기 때문에 상장을 준비하면서 직원들에게 우리사주를 할당해 주고 있었다. 나에게 배당된 주식은 600만원 정도 되었으며, 회사에서 우리사주 자금을 담보대출해 주었다. 이렇게 해서 나는 내가 맞보증으로 받아 주식투자했다가 날린 1000만원과 선배 때문에 떠 안게 된 1000만원, 그리고 우리사주대금 600만원의 빚이 갑자기 불어나게 되었다. 물론 집을 구입하면서 회사에서 주택자금으로 대출받은 3000만원까지 합하면 부채가 5500만원에 이르게 되었다. 마음이 무거워졌다. 잘못된 선택으로 인해 한순간에 빚이 넘치게 되었기 때문이다. 그리고 이자부담도 늘어나고 있었다.

제대로 된 자금관리를 받아 본 적이 없었고, 어떻게 해결해야 할 지 모르는 상황이 되면서 나의 심적 부담은 점차 커져 갔고, 잠을 이룰 수 없었다. 더 이상 혼자서 상황을 숨길 수 없었기에 아내에게 이 모든 사실을 고백하였다. 아내도 참으로 답답한 상황이었겠지만, 나보다는 담담하게 상황을 받아들이고 있었다.

97년 12월 말에 당시 대통령당선자였던 김대중 대통령이 우리나라가 IMF체제에 들어가게 되었음을 선언하면서 금융시장은 최악의 상황으로 치닫고 있었다. 위기는 한꺼번에 찾아온다는 말이 틀린 말은 아니었다.

회사분위기도 더욱 어수선해지면서 조만간 명퇴가 실시될 것이라는 소문이 무성하게 들렸다. 실제로 1월 말에 회사에서는 명예퇴직을 실시하기로 하고 신청자를 받기 시작하였다. 퇴직금과 함께 1년치 급여를 명퇴금으로 준다고 하였다. 시장분위기도 그렇고 빚도 늘어난 상태에서 명퇴소식은 나를 흔들고 있었다.

마침, 우리 자산운용팀에 3총사로 붙어다니던 임과장과 마과장이 함께 명퇴하여 자문사로 이직하자고 제안하였다. 늘 함께 일을 했던 동료들인지라 좋은 기회라 생각하고 명퇴를 하기로 마음먹었다. 명퇴신청을 받는 첫날 곧바로 신청서를 작성하여 제출하고 퇴근을 하였다. 그리고 다음날 늦은 시간에 회사에 출근하였더니, 비서실에서 사장님이 운용팀의 3총사를 찾으신다고 알려왔다. 사장님께 개별적으로 불려가 면담을 하게 되었다.

사장님은 나에게

"고과장, 왜 명퇴신청을 했지?"

"네, 개인적인 사정도 있고, 좀 더 세상 밖으로 나가 배워보고 싶습니다."

명퇴신청에 대한 나의 변명이었다.

사장님은 "고과장, 원하는 부서가 어딘가? 가고 싶은 부서로 보내 줄 테니 명퇴신청을 취소하게."

"죄송합니다. 사장님, 꼭! 나가고 싶습니다."

결국 사장님도 우리 세사람의 명퇴를 막을 수는 없었다.

나는 입사한지 2년을 막 넘기었기에 명퇴금은 퇴직금을 포함해 3500만원 정도 나왔다. 먼저 회사에서 대출받은 주택매입자금을 정산하였고, 우리사주를 반값에 처분하여 우리사주 대출금까지 갚을 수 있었다. 그래도 2000만원의 빚은 그대로 남아 있었다. 명퇴금으로 빚을 정산하고 나자 마음이 한결 가벼웠다. 한편으로는 회사에 계속 남아 있었다면 그리고 열심히 근무하였다면 빚은 생각보다 빨리 상환할 수도 있었을 것으로 생각되었지만, 마음에 있는 큰 짐을 내려 놓는 것이 중요하였다. 98년 2월에 명퇴를 하고나서, 이제 또 다시 새로운 길로 알 수 없는 발걸음을 내 디딜 차례가 되었다.

12. 벤처창업 - NWP라는 파견업체

2년여의 증권사생활이 편안하게 안주하는 생활이었다면 이제는 세상을 향해 도전하는 자리가 되었다. 증권사를 그만두는 것에 대한 불안감보다는 명퇴금을 통해 빚을 줄일 수 있다라는 안도감이 더 크게 다가온 것 같았다. 이제 다시 대학에서 시간강사로 돌아갈 수도 있었고, 또 다른 기회를 찾아보는 자리로 생각하기로 했다.

명퇴를 한 후 오랜만에 휴식을 취하며 앞으로의 진로를 고민하고 있던 어느 날, 논문을 지도해 주셨던 조교수님과 같이 저녁식사를 하게 되었다. 그때 모 언론사에서 새로운 사업모델을 찾고 있던 이부장을 소개받았다. IMF가 우리 경제에 강한 구조조정을 요구하던 시절이었기 때문에 수많은 실업자가 양산되었고, 눈물의 비디오를 찍은 제일은행도 수많은 직원을 내보내야 했다. 하지만, 또 다른 한편으로 인터넷이 막 보급되기 시작하던 시기였기에 벤처에 대한 기회들이 새롭게 시작되며 새로운 생태환경이 만들지고 있었다.

이부장은 새로운 사업모델이 될 아이템에 관심이 많았었다.

"안녕하세요 부장님, 고석준입니다."

"반갑습니다. 이부장입니다."

교수님과 함께 식사를 하면서 세상 돌아가는 이야기와 금융환경, 그리고 여러 가지 다양한 이야기들을 하며 즐거운 시간을 보냈다. 식사가 마무리되고, 자리를 옮겨 조용한 찻집에서 차를 들며, 대화를 이어가고 있는데, 이부장이 "고박사! 새롭게 시작할 수 있는 좋은 아이템이 없나요?"하고 물었다. 나는 잠시 생각을 하다가 박사과정 시절 파견업협회에 근무한 경험이 있었기 때문에 향후 이 시장에 대한 가능성이 크다고 생각하여 파견업시장에 대한 전망을 설명하였다. 당시 수많은 사람들이 직장을 떠나면서 실업자가 늘어나고 있는 상태였고, 정부도 불안한 노동시장을 안정시킬 대안을 찾고 있던 시기였다. 그런 가운데, 마침 정부도 그동안 불법이었던 근로자파견법을 통과시키면서 파견시장이 합법적인 시장으로 새롭게 다가오고 있었다.

"이부장님, 제가 생각하기에는 근로자파견법이 통과되면서 앞으로는 파견시장이 급속도로 확대될 것으로 전망됩니다. 이 분야로 진출한다면 빠른 성과가 있을 것으로 생각합니다."

"아! 그래요. 그럼 파견업에 대한 자료를 얻을 수 있을까요?"

"제가 파견협회 사무국장 때 모아두었던 기본적인 자료들이 있기는 합니다."

"우리 다시 한번 뵙고, 사업아이템으로서의 가능성이 있는지 한번 논의해 봅시다."

나는 이부장과 다시 만나뵙기로 하고 저녁자리를 마무리 하였다. 그리고 일주일 후 이부장을 다시 만났다. 파견업에 대한 향후 시장 전망에 대해 구체적인 설명을 들은 후 이부장은

"고박사! 이번 기회에 파견업체를 한번 만들어 봅시다. 내가 자본을 모을 테니 함께 해 봅시다. 어때요?"

"네, 알겠습니다. 한번 해 보시죠."

이렇게 해서 명퇴를 한지 한 달 만에 새롭게 시작하는 파견업체에 합류하게 되었다. 이부장의 노력으로 4억의 자본금이 모였고, 역삼동에 사무실을 만들었다. 회사이름은 NWP(new work place)라는 이름으로, '새로운 일자리'를 만들어주는 회사였다. 당시 SK텔레콤에서 부장으로 근무하던 P씨를 대표로 모셔 왔다. P대표는 SKT에서 기획업무를 담당했었기 때문에 사업기획력이 매우 뛰어난 분이었다. 그리고 나는 정보사업본부 이사로 새로운 사업모델을 만드는 부서를 담당하게 되었다. 함께 NWP를 시작한 분들은 대표이사와 함께 영업이사, 해외업무를 담당할 임원, 그리고 나까지 총4명의 사업 창립맴버가 구성되었다. 내가 맡은 일은 인터넷으로 취업자들을 접수받을 수 있는 시스템을 만드는 것이었는데, 지금으로 말하면 잡코리아와 같은 취업전문사이트가 목표였다.

출발은 나쁘지 않았다. 98년 중반에 디지털조선일보의 주관아래 취업박람회가 코엑스에서 있었는데, 우리 NWP가 취업박람회 참석자들을 접수하고 취업자들의 데이터를 수집하는 역할을 담당하였다. 그리고 참석자들을 대상으로 한 취업설명회도 개최하였다.

사업모델이 아무리 좋아도 이를 실제적인 사업실천과정으로 옮기는 일이 가장 중요하다. 하지만, 우리에게는 그런 영업을 해본 경험이 없던 것이 문제였다. 사실 파견업체의 주요한 영업환경은 청소나 경비, 또는 단순반복업무에 해당하는 직종인데, 그런 일은 제조업이 많았고, 주로 공단주변에 많이 형성되어 있었다. 그런 업체들에 대한 영업력이 부족한 것이 한계로 다가왔다. 마침 P대표는 정부가 실시하는 정보화사업이라는 도서관데이터베이스 사업에 주력하고 있었다. 정부가 일자리를 창출하기 위해 국회도서관을 비롯한 국공립도서관의 자료들을 전산화시키기 위한 스캔작업의 대규모 단순업무를 발주하였고, 그리고 그 사업을 수주한 것이다. NWP의 업무가 정보화사업으로 쏠리면서 내가 해야 할 역할은 점점 줄어들고 있었다.

내가 처음에 사업방향으로 설정하였던 홈페이지와 데이터베이스 작업도 진척을 이룰 수 없었다. 그래서 나는 새로운 사업영역으로서 실직자들을 대상으로 한 재취업교육사업을 구상하였고, 세부적인 실무작업까지 마무리하여 대표에게 이 분야가 향후 유망한 분야이니 적극적으로 추진하자며 사업추진계획서를 제출하였지만, 무산되고 말았다. 사실 정보화사업을 수주하고 단순 업무를 관리하느라 정신이 없었기 때문이다. 내 역할이 점차 축소되자 나는 10개월만에 NWP를 퇴사하게 되었다. 하지만 NWP에서 배운 것이 매우 많았다. 사업계획서를 수립하고 벤처창업과정을 함께 하면서 다양한 경험들을 하게 되었다. 그리고 남들과 함께 한다는 것이 얼마나 어려운 과정인지도 깨닫게 되었다. 그래도 다행인 건 NWP에 근무하는 동안 열심히 저축하여 선배 때문에 생긴 1000만원의 빚을 상환할 수 있었다.

13. 교육사업으로의 첫걸음… 투자자의 횡포에 눈물을 흘리고

NWP에서 첫 벤처창업에 대한 경험을 갖게 된 후, 나는 앞으로 새로운 비즈니스 사업모델이 많이 있을 것이라는 확신이 들었다. 99년 들어서면서 재테크 포탈사이트를 만들면 좋을 것이라는 생각을 했다. 경제환경이 매우 빠르게 바뀌고 있었기 때문에 은행의 금융상품과 주식, 부동산 그리고 보험을 함께 묶어보면 좋을 것이라는 생각이 들었고, 그에 대한 사업계획서를 작성하고 있었다. 그리고 NWP에서 이루지 못했던 직업교육사업을 다시 한번 해 보고 싶었다. 하지만, 아직 빚을 모두 갚지 못한 상황이었기 때문에 새로 일을 시작할 자금이 없었다.

그러던 중 우연히 온라인 아이템을 찾고 있던 대기업의 S상무를 소개받게 되었다. 이분은 ERP 관련 분야에서 일하고 있었는데 언젠가는 독립할 목적으로 개인적으로 ERP KOREA라는 법인을 만들어 놓았던 것이다. S상무는 내 사업계획서를 보자마자 자신이 투자를 하겠다고 제안하고 나섰다.

"고박사님! 나와 함께 일을 해 봅시다. 내가 사업자금을 댈 테니 한번 해 보시죠."

"그래요, 그럼 한번 시작해 보죠."

"사무실부터 알아보시죠."

나는 S상무의 말을 믿고 99년 2월에 선릉역 뒤편의 허름한 건물 2층에 10평도 안되는 조그만 사무실을 계약하였다. 사무실 간판도 없었고, 초기 자본금은 2천만원이 전부였다. 새로운 법인명은 (주)ERP KOREA로 하였고, 내가 대표이사를 맡았다. 꼭 소프트웨어 회사 이름 같았다. 함께 일할 직원을 뽑고, 홈페이지를 만들 디자이너를 선발하였다. 그리고는 좁은 사무실에서 매일 밤낮으로 재테크사이트를 만들어가기 시작하였다. 'www.moneycall.co.kr' 이게 우리가 만드는 홈페이지의 주소였다. 그 당시 홈페이지에 접속하여 개인들이 직접 재테크 정보를 올리면 조회수에 따라 비용도 지불할 계획이었다. 그리고 증권거래소의 모의주식투자시스템까지 연결하여 모의주식투자 게임을 실시하는 이벤트도 개최하였다. 하지만, 이렇다 할 수익모델이 만들어지지 않았기 때문에 비용이 계속 들어가고 있었다.

그러던 중 3월 초에 정부에서 4월부터 증권투자상담사라는 자격증을 일반인들이 취득할 수 있도록 시장을 개방한다는 소식이 들렸다. 갑자기 눈이 번쩍 뜨이는 것이었다. 내가 교보증권에 근무할 당시 증권투자상담사 자격증은 증권사 직원들만이 지원하여 취득할 수 있는 제한된 자격증이었고, 의무사항도 아니었다. 하지만 정부가 앞으로는 증권사 영업직원들은 모두가 자격증을 취득하도록 의무화하기로 하였고, 이 자격증을 일반인도 지원할 수 있도록 하겠다는 것이었다.

나는 증권투자상담사 자격증을 취득하지는 않았지만, 증권사에 근무했었기 때문에 어떤 과목을 공부해야 하는지를 알고 있었다. 그리고 증권업계에서 그동안 직원들을 대상으로 한 증권투자상담사 요약집을 가지고 있었다. 과목은 10개나 되었지만, 그에 대한 요약집이 있었다. 증권사 직원들은 보통 1개월 정도 준비하고 시험에 임하는 경우가 많았다. 증권투자상담사 자격증 교육을 하면 사업이 되겠다는 생각이 들었다.

즉시 S상무에게 이 사실을 알리고 한번 증권투자상담사 교육을 해보자고 설득했다. 한번 시도해 보기로 하였다. 초기투자로는 교육장이 필요했는데, 우리 사무실 바로 옆방이 오랫동안 비어 있었기에 건물주에게 1개월만 사용하기로 하고 추가로 20여 평의 좁은 공간을 임대하였다. 그리고 책상이 붙어있는 의자를 20여개 구입하였다. 20여 명이 겨우 들어갈 수 있는 조그만 강의실이 만들어졌다. 교재는 따로 없었기 때문에 내가 가지고 있던 투자상담사 요약집으로 강의를 하기로 했다. 교육과정은 내가 증권업무관련 교육의 50%를 담당하였고, 교보증권에서 함께 근무하였던 선배님을 설득해서 기술적 분석과 증권분석 업무파트를 부탁드렸다.

투자상담사 첫 번째 시험이 4월 초 토요일로 발표가 되었기 때문에 시간이 별로 없었다. 교육과정은 2주 24시간 속성과정으로 2개반을 편성하였고, 별도로 주말반도 편성하였다. 모든 강의는 직장인들을 대상으로 저녁 7~10시까지 매일 3시간씩이었다. 그리고는 한국경제신문과 매일경제신문에 3~4차례에 걸쳐 수강생 모집광고를 게재하였다. 3월 셋째 주에 첫 광고가 나갔지만 처음에는 문의가 없었다. 하지만, 연속해서 광고가 나가자 강의문의가 조금씩 들어오기 시작하였다.

과연 학생들이 모일까 하는 조바심이 들기 시작했고, 3월 셋째 주에 첫강의 시간이 다가왔다. 3월 22일 월요일로 기억된다. 수강생들이 한두명씩 들어오더니 당일 강의시간이 임박하자 수강신청자가 몰리면서 24명의 A반과 B반의 정원이 모두 찼고, 주말반도 가득차게 되었다. 일단 수강생 모집은 대성공이었다. 매일 저녁시간 마다 강의가 이루어졌고, 나도 피곤함을 잊고 낮에 강의내용을 정리하고 저녁에 강의를 하며 2주간의 강의 일정을 마무리하였다.

첫 시험은 4월 3일 실시되었기 때문에 우리 ERP KOREA에서는 수강생들을 대신해서 단체로 시험신청을 해 주었다. 물론 나도 투자상담사 시험을 지원하였다. 시험성향도 알아보고 나도 자격증을 취득해야 했기 때문이다. 하지만, 나는 내가 강의를 맡은 시험과목밖에 공부할 수가 없었다. 시험은 생각보다 어려웠다. 첫 번째로 일반인을 대상으로 하는 시험이었기에 합격률은 15% 수준이었고, 나도 시험에 떨어졌다. 우리 수강생 중에 합격자는 10명선을 넘지 못했던 것으로 기억된다. 나는 다음 시험에 재차 지원하여 자격증을 취득하고 이후 파생투자상담사 자격증도 획득하였다.

이번 강의를 통해 새로운 기회를 발견한 우리는 곧바로 새로운 사무실을 알아보았다. 증권투자상담사 교육이 충분히 가능성있어 보였기 때문이었다. 모든 일은 일사천리로 이루어졌고, 사무실도 선릉역 근처의 대형건물 13층의 150평 정도를 임대하여 이전하였다. 대형 강의실도 2개가 만들어졌고, 번듯한 사장실과 함께 교육팀과 재테크 포털사이트를 만드는 연구개발팀이 만들어졌다. 자본금도 확충되었고, 직원도 2명이나 새로 충원하였다.

나는 교육사업이 단기적인 수입을 가져다 줄 것이라 믿고 투자상담사 외에 주식특강 강좌를 개설하였다. 의욕이 앞섰다. 사무실을 새로 이전하고, 투자상담사를 개설한 강의에서는 수강생들이 모였으나, 주식특강 강좌는 수강생이 모이지 않아 광고료만 나간 채 실패하고 말았다. 오전에는 시스템 개발로, 저녁에는 강의를 하며 정신없이 시간을 보내며 열정적으로 일을 했지만, 투자자인 S상무는 5월 후반 들어서면서 조금씩 태도를 바꿔기 시작하였다. 2월말에 시작해서 이제 3개월이 지났는데, 한 번의 강의실패를 문제삼기 시작한 것이다. 경영에 실패하였다면서 자신의 아내를 사무실로 출근시키고 업무를 간섭하기 시작했다. 그리고는 사업방향을 인터넷 상거래 전분사이트 개발로 전환한다는 것이었다. 6월 첫째주가 되면서 주주총회를 통해 나를 해임하고, 함께 하던 직원 3명도 해고해 버렸다.

아! 이것이 투자자의 횡포구나 하는 생각이 들었다. 그리고 심지어는 나에게 경영상의 책임까지 묻겠다는 것이었다. 지난 3개월 동안 밤낮으로 일했고, 강의도 수많은 시간을 투자하며 일을 했는데 말이다. 나는 눈물을 흘리며 책상을 정리하고, 사무실을 떠날 수밖에 없었다. 그동안 직장을 그만두고, 새로운 일을 많이 접했지만, 이번 만큼은 내 마음이 편하지 않았다.

14. 새로운 출발 - K&S금융교육원의 설립

이대로 아무런 소득없이 물러설 수는 없었다. 나는 교육사업에 대한 확신만은 남아 있었다. '다시 한번 도전해 보자!' 나와 함께 해고된 3명의 직원들을 불러 모았다.

"여기서 물러날 수는 없지 않냐? 너희들의 생각은 어떠냐?"

"사장님! 이건 정말 아니예요. 다시 한번 방법을 찾아보시죠."

나는 혼자서라도 할 수 있는 투자상담사 교육을 다시 시작하기로 하였다. 하지만, 빈손이었다. 그래서 작은 누나에게 3백만원을 빌렸다. 그리곤 곧장 교육이 가능한 사무실을 알아보기 시작하였다. 교대역 부근에서 부동산을 알아보고 다닌 끝에 마침내 적당한 사무실을 찾았다. 교대역 뒤편 골목상권이 이루어진 조그만 3층 건물에 방문판매 제품을 교육하던 사무실이었는데, 사업이 잘 안되어서 철수하는 상황이었다. 한편에 칸막이가 되어 있었고, 30명까지 들어갈 수 있는 강의실에 책걸상까지 모두 갖추어져 있었다. 사무실 임대비용은 보증금 1000만원에 월세 100만원이었는데, 내게는 보증금이 없었다. 그래서 그동안 강의를 함께 하던 S선배에게 연락하였다. S선배는 증권사에서 금융상품을 운용하는 트레이더로 근무하고 있었고, ERP KOREA에서 개설한 투자상담사 강의 중 파생상품 과목을 강의해 주고 있었다.

"선배님!, 제가 해고된 직원들과 다시 교육원을 만들기로 하였는데, 임대보증금이 부족해요. 선배가 보증금을 빌려주시면, 꼭 최대한 빨리 돌려 드릴께요. 임대보증금 1천만원만 빌려주세요."

S선배는 걱정스러운 듯

"꼭 갚아야 돼."

"네, 최대한 빨리 갚을께요. 그리고 투자상담사 강의도 함께 합시다."

이렇게 해서 1000만원의 임대보증금을 마련하여 사무실을 계약하였고 바로 교육원 설립 작업을 시작하였다. 사무실 이름은 "K&S금융교육원"이라고 붙였다. 사무실은 7월 1일부터 사용하는 것으로 계약을 하였지만, 이전 계약사와 협의하여 사무실의 집기와 강의실의 책걸상 등을 100만원에 모두 인수하는 조건으로 6월 중순부터 미리 사무실을 사용할 수 있었다. 정말 여유가 없었다.

ERP KOREA에서 쫓겨난 지 1주일 만에 곧바로 사무실을 다시 차렸다. 그리고 같이 해고된 송팀장과 이대리, 그리고 여직원을 다시 불러 모으고, 그들에게 아무 것도 장담할 수 없지만 함께 교육원을 운영해 보자고 부탁을 했다. 이미 교육을 실시해 본 경험이 있었기 때문에 교육과정을 만드는 것은 그리 어렵지 않았다. 내게는 누나에게 빌린 300만원 중 집기비용으로 100만원을 쓰고 200만원이 남아 있었다. 무언가 특별한 이벤트가 필요했다.

그래서 광고의 효율성을 최대한 높이기 위해 강의를 가능한 많이 개설하기로 하였다. 서울과 부산, 광주 3곳에 동시에 증권투자상담사 자격증 강좌를 개설했다. 부산은 M호텔 연회장을 빌려 주말 이틀간에 걸친 특강 형태로 강의를 개설하였고, 서울에서는 교대 본 강의실에서 주중강의를 개설하였다. 그리고 광주지역도 학원강의실을 임대하기로 하고 3개 지역에 동시 강의 광고를 실시하였다.

한국경제와 매일경제신문에 서너 차례에 걸쳐 광고가 나갔다. 광고비만 무려 500만원 이상의 비용이 들어가는데, 다행히 광고비는 후불로 처리하기로 하였다. 내게는 너무나 절실한 시도였기에 초조함과 긴장감이 흐르고 있었다. 맨 첫 강의는 6월 마지막 주 주말에 부산에서 시작하기로 되어 있었기 때문에 금요일 저녁에 부산으로 내려갔다.

운명의 날이 다가왔다. 부산 M호텔의 30여 명이 들어가는 연회장 입구에 9시부터 접수대를 설치하고, 수강생들을 기다렸다. 강의시간이 되자 한두 명씩 접수가 시작되었다. 다행히도 총 20여 명 정도가 강의 접수를 하였다. 그 정도면 강의장 임대료와 각종비용을 충당할 수 있었다. 겨우 부산강의는 BEP를 넘어선 것이다. 토요일과 일요일에 무려 20시간에 걸쳐 부산강의가 끝나자마자 곧바로 저녁열차를 타고 서울로 올라왔다. 내일 서울강의에 얼마나 수강생이 오느냐에 따라 교육원의 존폐가 달려 있었다. 다음날 피곤함도 모두 잊고 조급한 마음에 일찍 사무실로 출근하였다. 송팀장도 일찍 출근해 있었다.

“안녕하세요! 사장님. 피곤하지 않으세요?”

“피곤해도 하는 수 없지. 현재까지 오늘 강의 신청자는 몇 명이나 돼?”

“네! 현재까지 10여 명 정도 신청하였어요.”

“아 그래, 저녁에 많이 올까?”

“당일에 접수자가 의외로 있을 수 있으니까 기다려보죠.”

“그래요.”

저녁강의 시간이 다가왔고, 강의장소에 대한 문의전화가 갑자기 많이 들어오기 시작하였다. 예상보다 훨씬 많은 수강자가 들어왔다. 이후에도 개설되는 주말반 강의도 자리가 모두 차는 즐거운 일이 발생하였다.

물에 빠져도 정신만 차리면 살아날 구멍이 있다고 했다. 이제 강사료와 두 명의 직원들 월급과 임대료, 광고료 등을 지불하고 사무실을 운영할 수 있게 되었다. 함께 했던 여직원은 다른 직장에 취업되어 떠났지만, 이번 도전은 노력하는 자에게는 새로운 기회가 주어질 수 있었음을 확인하는 자리가 되었다.

7~8월까지는 강의가 주로 이루어졌다면 9월 이후에는 투자상담사 교육과정은 자격증시험이 가까워질 때 수강 신청이 늘어났다가 시험이 끝나면 강의수요가 줄어드는 편차를 보였다. 우리는 부가적인 수입을 얻기 위해 투자상담사 예상문제집을 만들어 시

험접수가 시작되는 접수일에 증권업협회 앞에서 노상에 가판을 깔고 문제집을 판매하였다. 비록 2~3일에 걸친 짧은 기간이었지만, 부가적인 수입이 되었다.

하지만, 교육원의 수입은 현상유지를 할 수 있는 정도였으며, 2명의 직원과 사무실 임대료, 광고료와 강사료를 지급하고 나면, 내게 돌아오는 금액은 거의 없었다. 나도 많은 강의를 담당했지만, 아직은 강사료를 제대로 받아가지 못하는 상태였다.

12월이 되면서 그동안 자격증 없이 증권영업을 하던 증권사 직원들은 의무적으로 투자상담사 자격증을 취득해야 했기 때문에 강의수요는 점차 늘기 시작했고, 은행직원들도 FP 재무상담사 자격증 취득을 의무화 하기로 발표되면서 재무상담사 자격증 강의 개설로 점차 시장을 넓혀가기 시작하였다. 7월부터 11월까지 교육원을 통해 투자상담사 시험에 합격한 합격생들이 80여 명 정도 배출되었다.

15. 투자상담사로 활약하다

교육원에서는 주로 강의가 저녁에 있었기 때문에 오전시간에는 주로 증권시장의 움직임을 살펴보고 있었다. 마침 IMF체제 하에서 고강도 구조조정을 이어가던 국내 주식시장은 99년부터 전 세계적으로 붐이 일었던 Y2K 컴퓨터 보완으로 인해 IT산업이 급성장하고 코스닥을 비롯한 증권시장의 주가가 급등하고 있던 시기였다. 주식투자가 다시 활발하게 이루어지고 있는 시점이었기 때문에 증권사 객장마다 고객들로 가득 차 있었다.

한편 나에게는 또 다른 기회가 다가오고 있었다. 7월 초에 당시 삼성증권에 근무하고 있던 친구의 권유로 삼성증권 교대역지점에서 투자상담사로 활동할 기회가 주어졌다. 당시 증권사에는 정규직원의 영업직이 있었고, 프리랜서 형태의 계약직 투자상담사가 활동하고 있었다. 투자상담사로 활동하기 위해서는 증권투자상담사와 파생상품 투자상담사 자격증을 취득하고 증권사 근무경력이 있으면, 투자상담사로서의 활동이 가능했다. 투자상담사는 대부분 기본급 없이 6개월에서 1년간의 기본 계약으로 이루어지며 성과에 따른 실적을 배분하는 형태였다.

삼성증권 교대역지점에는 영업직원들이 있었지만, 선물옵션을 전문으로 하는 파생상품 전담직원이 없었다. 그런데, 나는 선물옵션팀에 근무한 경력이 있었으니 증권영업을 할 수 있는 너무나 좋은 기회였던 것이다. 주간에는 삼성증권에 근무하였고, 저녁에는 교육원을 운영하였다. 삼성증권 투자상담사로 7월부터 근무하였는데, 나에게는 고객이 한 명도 없었기 때문에 7월부터 9월까지는 실적이 거의 없어 계속 부진하면 그만두어야 할 판이었다.

그런데 10월이 되면서 차츰 선물옵션에 관심을 가지는 고객이 한두 명씩 생겨나게 되었고, 10월부터는 실적이 빠르게 올라서면서 11월에만 2천만원이 넘는 성과급을 받았다. 그동안 밀려 있던 빚을 갚고 조금씩 돈을 모을 수 있는 계기가 마련된 것이다. 영업실적도 가파르게 올라오고 있었다. 12월 초가 되면서 S선배에게 빌렸던 임대보증금 1000만원도 모두 갚을 수 있었다. 점차 내 인생의 방향이 저 밑바닥에서부터 차츰 차츰 한 계단씩 올라오고 있었다.

16. 교보증권 영업지점장, 내 인생의 터닝포인트

이제 겨우 자리를 잡아가고 있는 상황에서 11월 말 어느 금요일 저녁 10시 경에 전화가 걸려왔다. 교보증권 선물옵션팀에 근무할 당시 같은 팀에 근무하던 황팀장이었다. 황팀장은 최근 사이버영업점 개설팀장을 맡아서 신규점포들을 만드는 업무를 담당하고 있었다. 평소에 자주 연락하고 있던 상황이라 회사의 소식을 늘 듣고 있었다. 마침 교보증권에서는 시장환경에 맞게 소규모 영업점을 30여개 개설하기로 하고, 영업점을 담당할 점포장을 외부에서 공개모집하고 있었다. 그리고 오늘이 그 마감일이었다.

그 늦은 시간에 갑자기 나보고 급히 여의도로 나오라는 것이었다. 당황스러웠지만, 옷을 갈아입고, 여의도의 조그만 카페로 나갔다. 그곳에는 황팀장과 함께 정상무님이 함께 나와 있었다. 정상무님은 내가 교보증권을 퇴사하기 전 마지막으로 우리 부서를 담당했던 임원이었다. 정상무님이 나를 반갑게 맞아 주셨다.

"어서와요. 고박사!"

"안녕하세요 상무님, 이 늦은 시간에 왠일이세요?"

상무님은 대뜸 나에게

"고박사! 왜 이번 지점장 공개모집에 지원하지 않았어?"

나는 무슨 말을 하는지 알고 있었기 때문에

"붙여 주지도 않을 것 같아서 지원 안 했죠. 그리고 요즘 영업이 잘 돼서 이제 조금씩 돈을 모이기 시작했거든요."

그러자 상무님은

"삼성증권에서 투자상담사를 한다고?"

"네, 이제 조금 자리를 잡아 갑니다."

"그러지 말고, 교보증권 영업점을 하나 만들어 보는 게 어때?"

"영업점을 만드는게 쉬운 일인가요? 제게 자리를 주시겠어요?"

정상무님은 곧장 나에게

"오늘까지 영업점장 모집이 마감되었지만, 월요일에 지원서를 제출해 줘. 그래도 기회를 한번 만들어 봐야지."

"주말에 한번 생각해 볼께요."

"생각해 보는 게 어디 있어? 그냥 지원서를 제출해. 알겠지? 그리고 영업점 사업계획서도 작성해야 돼."

"아, 네~~"

집으로 돌아와서 주말동안 곰곰이 생각을 해 보았다.

'이제 막 삼성증권에서 자리를 잡아가며 영업실적이 잘 올라오고 있는데, 이걸 포기하라고?'

'어떻게 해야 하나?' 생각이 복잡했다.

'삼성증권은 투자상담사이지만, 교보증권으로 간다면 영업점장이 되니 정규직이나 마찬가지인데, 어찌하나?'

우선 지원서를 제출하기로 마음먹었다. 합격이 보장되는 것은 아니지만, 적극적으로 밀어준다고 하니 도전하는 것이 좋을 듯했다.

월요일에 지원서를 제출하고 나니 곧바로 수요일에 사장님 면접이 기다리고 있었다. 이번 사이버영업점 지원자는 대부분 증권사에서 지점장을 하였거나 영업경험이 많은 사람들이 지원하였다. 사업계획서를 작성하고 발표하는 것은 그동안 벤처기업과 교육원을 운영하면서 여러 번 해 보던 작업이라 어렵지 않았다. 그리고 며칠 후 15명의 합격자를 발표하였는데, 그중에 나도 포함되어 있었다. 합격자들을 대상으로 한 첫 모임이 11월 말에 있었다. 모두들 처음 만나는 사람들이었는데, 대부분 지점을 운영해 본 경험들이 있는 지점장 출신이 많았다.

새로 임용된 영업점장들은 영업점을 낼 지역부터 업무를 담당할 직원들까지 본인이 알아서 충원해야 했다. 이제 각자 영업점을 낼 자리를 선택하는 시간이 다가왔다. 나는 과감하게 강남지역을 선택하였다. 이번에 만들어지는 영업점은 사이버영업점이었기 때문에 고객들이 직접 영업점에 방문해서 트레이딩을 할 수 있는 트레이딩 공간을 갖추는 형태였다. 회사의 기준은 영업점당 실면적 50여 평에 팀장 1명과 업무직원 2명, 그리고 트레이딩을 할 수 있는 공간을 설치하는 것이 전부였다. 나는 회사의 이러한 영업방향에 대해 의문이 들었다. 얼마간 투자상담사를 직접 경험해 본 결과 사이버영업만으로는 분명히 영업점 운영이 쉽지 않을 것이라는 판단이었다. 그래서 영업점 사업계획서를 작성할 때, 증권사에 취업한 경험은 없지만, 투자상담사 자격증을 취득한 합격자들을 대상으로 증권영업의 가능성이 있는 사람들을 영업점 투자상담사로 배치하는 계획서를 제출하였다. 이런 나의 사업계획서는 본래의 사이버영업점 운영방침과는 차이가 있었지만, 회사로서는 신규계약직 투자상담사를 고용하는데 추가비용이 들지 않았기 때문에 흔쾌히 내 제안을 받아들였다.

이제 나는 본격적으로 영업점을 낼 건물을 찾아 다니기 시작하였다. 주로 증권시장이 끝나는 오후 3시 이후부터 강남역 주변의 건물들을 찾아 보기로 하였다.

한편 나는 삼성증권에 투자상담사로 근무하고 있었기 때문에 영업점이 완전히 준비가 될 때까지는 발령을 유보해 달라고 요청했다. 굳이 영업이 잘 되고 있던 투자상담사직을 서둘러 그만 둘 필요는 없었던 것이다.

12월 첫 날, 그날도 증권시장이 끝나자 마자 나는 강남역 근처에 영업점을 낼 건물을 찾아보기 위해 천천히 주변 지역을 탐색하고 다녔다. 강남역 주변에는 대형건물들이 많았기 때문에 각 건물들의 관리사무실을 찾아가 증권사 영업점이 들어갈 공간이 있는지를 알아보고 다녔다. 강남역 근처에 당시 영풍문고가 입주해 있던 건물의 관리사무실을 찾아가 임대 공간이 있는지를 알아보았지만, 임대료가 너무 비싸고, 공간도 비좁아서 포기하고 나오고 있었다.

몇 군데 건물을 돌아보고 나니 벌써 저녁 5시가 훌쩍 넘은 시간인지라, 이제 집으로 돌아가려고 하는데, 길 건너편에 임대라고 써 붙인 건물이 눈에 들어왔다. 20층이 조금 넘는 건물이었다. 큰 기대를 하지 않은 가운데, 한 번 알아보기로 작정하고, 그 건물 지하의 관리실을 찾아 들어갔다. 지하관리실에는 건물관리를 담당하는 관리부장이라는 분이 앉아 계셨다.

"안녕하세요? 임대문의를 하려고 하는데요."

"무슨 용도로 사용할 건가요?"

"네. 증권사 영업점을 하려고 합니다."

"아! 그래요? 마침 3층이 비어 있습니다. 한번 보시겠어요?"

"네. 그래주시면 고맙겠습니다."

그래서 관리인과 함께 3층으로 올라갔다. 놀라운 일이었다. 그 자리는 이전에 부국증권이 지점으로 사용하던 자리였는데 IMF가 터지면서 지점을 폐쇄했던 공간이었다. 아직도 지점 인테리어가 그대로 남아 있었다.

"공간이 얼마나 되나요?"

"실면적이 120평입니다."

"네~. 120평이라고요. 너무 넓네요"

회사의 방침에 따르면 영업점은 실면적 50평 규모를 넘지 않도록 되어있었다.

하지만, 너무 아쉽다는 생각에 곧바로 상무님께 전화를 드렸다.

"상무님, 고박사입니다."

"그래, 왠일이야?"

"영업점을 낼 장소를 강남역 근처에서 하나 찾기는 했는데, 조금 면적이 넓네요."

"면적이 얼마나 되는데?"

"실면적으로 120평이라고 합니다."

"그래, 음, 많이 넓은데? 그런데, 임대료는 얼마나 하나?"

나는 관리인에게 임대료가 평단가로 얼마인지를 물어보았다. 평당 300만원 수준이었다.

"평당 300만원 수준이라고 합니다."

"그래, 강남역이면 그렇게 비싼 편은 아니네."

마침, 교보증권지점이 강남역 주변에는 없었기 때문에 상무님은 곧바로

"그럼 내일 증권영업팀에 지점개설을 담당하는 직원을 한번 보낼 테니 같이 상의해 보자구."

긍정적인 답변을 얻었다.

다음날 지점개설을 담당하는 직원이 직접 건물을 방문하고, 주변 상황을 검토한 후 건물을 임차해도 좋다는 승인을 받았다. 곧바로 12월 5일 영업점을 낼 건물을 계약하였다. 진짜 영업점 개설이 급하게 진행되었다. 회사에서는 영업점 인테리어를 위한 도면을 작성하고, 공사까지 진행하려면 최소한 2개월은 걸릴 것으로 예상하고 있었다. 나도 그렇게 서두르지 않고 천천히 진행하는 것으로 알고 있었다. 하지만, 상무님은 나에게

"고박사, 이왕 건물계약을 했으니 인테리어를 빨리 서둘러서 금년 내에 지점을 만들어 보게."

"네에~, 한 달도 안남았는데요?"

"최대한 서둘러 봐요. 회사에서 적극 지원해 줄 테니."

"네, 알겠습니다."

이렇게 해서 영업점 공사는 계약과 동시에 초스피드로 진행되었다. 기존 시설 철거와 동시에 영업점 설계가 들어갔고, 곧바로

인테리어 작업이 이루어졌다. 영업점에는 계약직으로 근무할 20여 명의 투자상담사 부스가 함께 만들어졌다. 한편 교육원에서는 그동안 우리 교육원에서 교육을 받고, 상담사 시험에 합격한 사람들 중에서 투자상담사로 근무할 사람들을 모으기 시작하였다. 대부분 시험에 응시한 사람들은 투자상담사로 활동할 의사가 있었기 때문에 지원자들이 의외로 많이 몰렸다.

이들 중에서 영업점에 배치할 20여 명을 선발하고서 곧장 계약직 발령을 회사에 요청하였다. 아무런 증권영업 경력이 없던 사람들을 계약직으로 선발하는 것이 회사로서는 모험이었지만, 모든 인사권을 영업점장에게 일임한 상태인지라 투자상담사 등록을 해 주었다.

또한 함께 할 업무팀장과 업무직원도 필요했다. 업무직원의 경우 증권업이나 관련분야에 근무한 경력을 우선시 했는데, 마침 교육원에서 함께 고생한 송팀장이 은행경력이 있었기 때문에 곧바로 영업점 업무팀장으로 추천하여 승인을 받았다. 그리고 업무직원은 선물옵션팀에 근무할 당시 함께 근무했던 여직원을 연락해서 우리 영업점으로 옮겨오게 할 수 있었다. 참으로 20여 일간의 짧은 기간동안 영업점 준비가 순식간에 진행되었다. 12월 24일 크리스마스 이브날 저녁 늦은 시간까지 영업점에 100여 대의 컴퓨터와 전산장비가 설치되면서 마무리 작업이 이루어졌다. 25

일 성탄절은 예수님이 세상에 오신 기쁜 날이었지만, 나도 새로운 출발을 준비하는 설레임의 시작점이었다. 25일 오전에 교회에서 성탄축하 예배를 드리는데 얼마나 감사한 마음이 들었는지 가슴이 벅차 올랐다.

1999년 12월 29일은 증권시장 폐장일이었지만, 교보증권 서초로얄영업점이 정식으로 오픈되는 날이기도 하였다. 간단한 오픈식을 가졌고, 회사의 임명장이 전달되었다. 11월 말에 15명의 영업점장을 선발한 후 곧바로 영업점까지 개설한 곳은 내가 처음이었다. 대부분의 영업점장들은 건물임차에 많은 시간이 들면서 1~2개월 후에나 영업점들이 하나 둘씩 오픈되었다.

17. 사람의 힘으로는 될 수 없었던 모든 일들

영업점이 생기는 과정을 곰곰이 생각해보니, 이건 사람의 힘으로 될 수가 없었던 것이었다. 이미 하나님께서는 내게 다양한 경험을 통해 영업점을 낼 수 있는 환경을 마련해 주셨다. 남들은 증권사 지점이나 영업점으로서의 적정한 건물을 찾기에 많은 애로를 겪고 있었지만, 나는 단 1주일 만에 그것도 2배가 넘는 일반지점 규모의 영업점 건물을 허락하셨다. 교육원을 통해 영업점에 근무할 투자상담사들을 채용할 수 있도록 준비해 주셨고, 삼성증권 투자상담사 경험을 통해서 영업업무를 익힐 수 있도록 훈련까지 시켜주신 것이다. 그뿐만이 아니라 내게 남아 있던 빚까지도 모두 갚을 수 있도록 해 주셨다. 그리고 다시 교보증권에 영업점장으로 새롭게 출발할 수 있도록 복귀시켜 주기까지 하셨다.

마치 모든 것이 이미 준비되어 있던 상황처럼 한 치의 오차도 없이 영업점을 낼 수 있는 환경이 마련되어 있었다. 놀라운 일이 아닐 수 없었다. 하나님께서는 나의 무거운 모든 짐을 내려주셨던 것이다. 그동안 운영하여 오던 교육원은 12월 말에 주식회사 법인으로 전환하였다. 그리고 지점운영과 교육원을 함께 운영할 수 없어 교육원에서 강의를 담당하던 K선배에게 경영을 부탁하였다. K선배가 대표를 맡고 교육원도 금융기관에 대한 단체 교육 프로그램까지 진행하면서 점차 활성화되어 갔고, 2월에는 좀 더 넓은 곳으로 확장 이전하였다. 나는 뒤에서 교육원 운영을 도와주며 대주주로 남아있었다.

21세기 첫 아침이 밝았다. 나의 영업점장으로서의 첫 출발도 함께 시작되었다. 지점의 첫 출발은 2000년 1월부터 시작되었다. 2000년 1월 3일은 전 세계적으로 증시가 최고점을 찍고 하락세로 돌아서기 시작하던 날이었다. 우리나라 증권시장과 코스닥시장이 초호황을 누리던 시점이었고, 미국도 고점을 찍고 하락을 시작하려고 준비하던 시점이었다. 먼저 나에게는 많지 않지만,

투자상담사 시절부터 함께 해 온 고객들이 몇 분 있었다. 마침 우리 영업점은 강남역 부근에 있었기 때문에 거리가 멀지 않아서 고객들이 지점을 방문하여 계좌를 개설해 주셨다.

처음으로 영업점에 배치된 계약직 투자상담사들도 조금씩 고객을 유치하기 시작하였다. 20여 명의 상담사 중 많은 상담사들이 고객이 없어 2~3개월을 그냥 지나가는 분들도 있었지만 그중에 소수는 적극적으로 영업을 하면서 고객이 늘어나고 있었다. 우리 영업점이 상당히 넓고 깨끗하게 꾸며 졌다는 소문들이 나면서 조금씩 고객들이 찾아들기 시작하였다.

첫 1월은 영업점 실적이 적자였지만, 2월부터 흑자로 돌아설 수 있었다. 나는 파생상품 중에서 옵션을 활용한 양매도 전략을 매매전략으로 활용하고 있었다. 증권시장이 안정적이고 시장방향을 잘 예측만 하면 안정적인 수익을 얻을 수가 있었다. 당시에는 파생상품을 개인이 하기에는 어려웠기 때문에 고객들로부터 계좌를 일임받아 관리해 주는 것이 일반화되었던 상황이었는데, 안정적인 수익이 발생하자 내게 직접 계좌관리를 부탁하는 고객들이 늘어났고 예탁자산도 10여억원으로 증가하였다.

3월이 되던 어느 날 오랜만에 만난 친구로부터 자산운용사에서 파생상품을 운용하던 K씨를 소개받았다. 그는 자산운용사에서 운용업무를 담당하던 당시 최고 실력자 중에 한 사람이었는데, 운용사를 그만둔 후 개인 자금들을 모아 파생상품으로 운영해 주면서 꾸준한 수익을 얻고 있었다. 그가 개인적으로 운용하던 자금들이 커지면서, 정식으로 자문사를 만들어 관리하기 위해 장소를 물색하고 있었던 것이다.

나는 K씨에게 우리 영업점에 와서 함께 하면 도움이 될 것이라 권하였고, K씨도 흔쾌히 우리 영업점을 이용하기로 결정하였다. 그리고 얼마 후, K씨는 우리 영업점 8층에 개인사무실을 임대해서 정식으로 법인을 설립하고 적극적인 영업활동을 시작하였다. K씨의 고객과 내가 직접 관리하는 고객들로 인해 영업점은 빠른 속도로 실적이 향상되었다. 당시 교보증권에는 지점과 영업점을 합쳐 모두 60여 개 점포가 있었는데, 우리 영업점의 실적이 빠르게 올라오면서 일반 지점을 앞지르기 시작하였다.

3월까지 짧은 기간이었지만, 나는 좀 더 넓은 집으로 이사갈 여유자금을 모을 수가 있었다. 그동안 좁은 연립에서 생활해 오다가 좀 더 넓은 아파트로 이사가려는 마음에 기쁨이 넘쳤다. 하지만, 호사다마(好事多魔)라 했던가? 나에게 위기가 다가오고 있었다.

18. 첫 번째 위기 : 블랙프라이데이와 마진콜

4월 초 지점영업이 안정적으로 이루어지고 있던 당시, 나는 교육원 업무를 돕던 아내와 교육원 대표와 함께 4월 13일부터 16일까지 3박 4일의 일정으로 일본 동경에 국제재무관리설계사(IFP) 자격증 자료수집을 위해 출장을 가게 되었다. FP자격증이 새로운 교육시장으로 떠오를 것으로 예측되었기에 이에 대한 자료를 수집하고 있었다. 마침 4월 13일(목)은 국회의원 선거일이었기에 하루만 휴가를 내면 3박4일의 출장을 다녀올 수 있는 좋은 기회였다.

출장을 떠나기 전 4월 12일(수)은 4월물 옵션결제일이었다. 내 고객들은 주로 옵션양매도로 안정적인 수익을 얻어가는 구조였기 때문에 4월에 가벼운 마음으로 수익을 모두 실현한 후, 다음 달 5월물 옵션을 미리 매도해 놓으면 높은 수익이 발생할 것이라 예측하고, 충분히 안정된 자리에 콜옵션과 풋옵션 양쪽에 매도포지션을 설정하였다. 옵션 양매도전략은 시간과의 싸움이었다. 한 달간 결제일까지의 시간동안 주가가 예상 범위 내에서 안정적인 움직임을 보여준다면 높은 수익을 얻을 수 있는 구조였다. 하지만, 주가가 급락하거나 급등하게 되면 예기치 못한 손실이 발생할 수 있었다.

만기일이 끝난 다음에는 옵션의 프리미엄 가격이 빠른 속도로 빠지는 것을 알고 있었기 때문에 위험부담은 있었지만, 내가 관리하는 고객들의 계좌에서 콜옵션과 풋옵션을 매도하는 양매도 포지션을 모두 구축한 것이다. 그리고는 일본으로 출장을 갔다. 실제로는 14일(금) 하루만 지점에 나오지 못하는 것이었기 때문에 별로 위험하지 않을 것이라 생각하였다.

13일 아침 일찍 국회의원선거를 마친 후, 오전비행기로 일본 동경에 도착하여 바쁜 일정을 보냈다. 그리고 저녁에 우리나라 국회의원 선거가 어떻게 마무리되었는지 궁금해 졌다. 당시는 김대중대통령 시절이었는데, IMF를 잘 극복하는 과정 중에 있었다. 그런데, 16대 국회의원 선거에서 집권당이던 새천년민주당이 참패를 하면서 여소야대(與小野大)가 되었다. 이는 곧바로 14일 금요일 아침 주식시장에 반영되면서 840포인트였던 주가지수가 36포인트나 급락하는 상황을 가져왔다.

일본출장을 오기 전날 설정해 놓았던 고객들의 양매도 포지션에 손실이 발생하고 있었다. 하지만, 그 정도는 우려할 만한 상황은 아니었다. 앞으로도 만기일까지는 시간이 많이 남아 있었기에 주가가 추가로 크게 하락하지만 않는다면 수익으로 마감할 수 있다는 생각이 들었다. 그래서 마음에 큰 부담을 갖지 않은 상황에서 일본에서의 14일 금요일 일정까지 마무리하고 호텔에 돌아왔다. 다음날 토요일 아침 가벼운 마음으로 동경의 거리를 걷고 있는데, 일본 TV화면을 통해 미국 증시가 급락하였다는 소식이 짧은 뉴스로 나오는 것을 보게 되었다.

지금도 미국다우지수를 비롯한 해외증시의 움직임이 국내시장에 큰 영향력을 미치기 때문에 증권시장을 이해하려면 해외시장의 움직임을 주의 깊게 살펴보아야 한다. 그런데, 2000년 4월 14일 미국 다우지수가 10,923.55에서 10,305.77로 −617.78포인트가 급락하는 Black Friday가 발생한 것이다.미국 다우지수가 급락했다면 월요일에 우리 시장에도 큰 충격을 줄 것이라는 걱정이 들기 시작하였다. 혼란스러운 마음이 들었지만, 괜찮을 것이라는 생각을 갖고 일본에서의 모든 일정을 마무리 하였다.

그리고 다음날 일본 하네다 공항에서 서울로 귀국하는 비행기에 탑승하기 위해 출국장에 들어섰다. 대항한공에 탑승을 시작하는데, 비행기 입구에 토요일자 국내신문이 놓여 있는 것을 발견하고, 경제신문을 한부 집어 들었다. 자리에 앉자 마자 신문부터 펼쳐들었다. 신문을 펼치자 1면 전체가 미국 Black Friday 대폭락이라는 타이틀로 도배되어 있었다. 보통 심각한 게 아니었다. 내 머릿속에는 내일 주가가 급락하게 되면, 내 고객들 계좌가 엄청난 손실로 깡통이 되게 생겼다는 생각으로 가득찼다. 이게 현실이 아니기를 바랬고, 비행기를 어떻게 타고 왔는지도 모를 정도로 정신이 없었다.

다음날 영업점으로 출근하자마자 시장상황을 주시하며 아침 개장시간을 준비하고 있었다. 이미 주가는 금요일 한차례의 급락으로 인해 손실이 나 있었던 상황이었다. 주식시장이 개장되자 마자 주가지수는 또 다시 급락하기 시작하였고, 폭락으로 마감하였다. 당시 주가지수는 4월 12일(수)에 837.01 포인트였는데, 집권여당이 선거에 참패하면서 14일(금) −36.12포인트가 급락한 800.89로 마감하였고, 그 다음 월요일인 4월 17일에는 미국 주가 폭락에 따라 −93.17포인트가 하락한 707.72포인트로 마감하였다. 이틀 만에 무려 130포인트가 급락한 것이었다.

일자	4월 12일	4월 14일	4월 17일
주가지수	837.01	800.89	707.72
증감	18.04	−36.12	−93.17
증감율	−2.11%	−4.32%	−11.63%

내가 관리하던 10여 개의 고객계좌는 모두 원금의 90% 이상 손실나서 깡통계좌가 되었고, 나는 절망상태에 빠지지 않을 수 없었다. 손실금액만 10억원이 넘어선 것이었다. 정신없이 계좌를 정리한다고는 하였지만, 이미 늦어버린 상황이 되었다. 하늘이 캄캄하고 한치 앞을 알 수 없는 위기상황이 내 앞에 펼쳐졌다. 다음날 영업점에는 고객들이 찾아와 있었다. 어찌 할 바를 모르는 상태였지만, 최후의 수단이라 생각하고 아파트로 이사가기 위해 마련해 놓았던 전세자금을 눈물을 머금고 모두 고객들 계좌에 쪼개어서 넣어 주기로 했다. 일단 급한 불은 끄기는 했지만, 해결책은 없어 보였다. 참으로 암담했다. 이제 좀 안정을 찾는가 싶었는데, 하루아침에 공든탑이 무너져 버린 것이다. 아내도 나를 위로해 주었지만, 나보다 더한 마음의 고통을 받았을 것이라 생각했다. 이미 엎질러진 물이니 주워 담을 수도 없었다. 그리고 고객들 계좌가 회복이 안되면 나는 더 이상 영업점장을 할 수도 없었다.

'주님! 도와주세요!'
'지금 여기까지 왔는데, 이제 무너진다면 말이 되겠습니까?'
'제발 도와 주세요!'
마음에 절실한 기도가 나왔다.

19. 하와이의 기적, 가장 큰 위기가 절호의 기회로!

4월이 지나고, 5월 초가 되었는데도 남은 자금이 얼마 되지 않았기에 계좌는 복구가 까마득했다. 주식시장은 4월의 충격으로 인해 계속 반등하지 못하고 5월 중순까지 저점을 계속 낮추고 있었다.

초조하고 불안한 마음으로 하루하루를 보내야 했지만, 영업점의 실적은 오히려 꾸준히 상승했다. 5월 초가 되었을 때, 회사에서는 각 부서별로 상반기 우수사원을 선발하였고, 그 포상으로 부부동반으로 하와이 여행을 시켜준다고 발표를 하였다. 나도 그 우수사원에 포함이 되었다.

나에게는 고객들의 불만이 언제 폭발할지 모르는 최악의 상태였지만, 회사에서는 6월 초부터 현충일까지 연휴기간 중에 우수사원 부부 40여 명이 함께하는 하와이 여행 일정을 잡아놓고 있었다. 마음이 편하지 않았다. 회사에 고객계좌의 손실을 알릴 수도 없는 노릇이었다. 그러나 이번에 만약 하와이 여행을 못 가게 된다면 평생 여행을 가지 못할 수도 있다는 생각이 들었다. '그래 이게 나의 마지막 여행이 될 수도 있을 것이다. 가자!' 그리고 '모든 것을 내려 놓자'라는 생각을 하였다. 5월 마지막 주에 주가가 바닥을 치고 서서히 반등하고 있었다. 이제 내일 하와이로 출발할 시간도 다가오고 있었다.

출발 전날, 영업점장실에서 자문사 설립준비를 하고 있던 K씨와 함께 간단히 김밥으로 점심식사를 하면서 주식시장을 분석하다가 갑자기 주가가 급등할 가능성도 있다는 판단을 하게 되었다. '만약 주가가 급등한다면 콜옵션을 매수해서 손실을 복구할 수 있을 거야' 이런 생각이 머리를 스치자, 나는 콜옵션 중에서 0.05의 가격에 거래가 이루어지고 있던 외가격의 콜옵션을 매수해야겠다는 생각이 들었다. 그리고는 각 계좌별로 적게는 100만원에서 500만원까지 고객계좌에 남아 있는 금액대로 과감하게 매수에 들어갔다. 거의 5~6천만원에 가까운 금액을 매수하였던 것으로 생각된다. 어짜피 10억원 이상 손실이 났는데, 회복이 안 되면 이 돈도 아무 소용이 없을 것 같았다.

그리고 다음날 나는 김포공항을 통해 멀리 하와이로 출발하였다. 밤에 출발한 비행기는 새벽시간에 하와이에 도착하였다. 비행기 안에서 재대로 잠도 자지 못한 상태에서 하와이에 아침 도착이라 정신이 없었는데, 곧바로 여행 일정이 시작되었다. 몸은 무겁고, 마음은 피곤한 상태에서 관광을 한 후에 숙소로 돌아왔다. 그리고는 이틀이 지난 후 영업점으로 전화를 걸었다.

업무직원이 전화를 받았다.

"김팀장, 별일 없죠?"

"네, 지점장님. 그런데, 고객들이 지점장님을 찾는데요?"

"왜?"

"주가가 오르기 시작했어요. 계좌에 이익이 났는데 왜 정리를 안하냐고 난리들인데요?"

"얼마나 올랐는데?"

"포지션이 두 배가 되었네요."

"그래, 그 정도로는 안 돼. 어차피 귀국하면 정리하지 뭐. 그냥 놔둬요. 내가 귀국하면 정리할게."

그 다음 날은 하와이 민속촌과 공연장을 관광하였다. 그런 후 다시 영업점에 전화를 하였다.

"지점장님, 주가가 또 올랐어요. 고객들이 조금이라도 이익이 났을 때 실현시키자고 난리예요."

나는 한번 더 모험을 걸어 보기로 했다.

"어차피 내일 현충일에 귀국하니까 그때 정리하지 뭐. 지점장님이 알아서 한다고 그렇게 얘기해요."

그리고는 전화를 끊었다.

다음날 하와이의 모든 일정이 끝나고 귀국비행기에 몸을 실었다. 아직도 마음은 무거운 상태였지만, 모든 것을 체념한 상태였기 때문에 편안한 마음으로 귀국하여 다음날 영업점으로 출근하였다. 그리고는 컴퓨터 단말기를 통해 계좌들의 상태를 살펴 보았다. 기적이 일어났다. 놀라지 않을 수 없었다. 처음 0.05의 가격에 잡아놓은 콜옵션의 가격이 주가가 상승하면서 1.00까지 20배 정도 상승하여 있었던 것이다. 나는 장이 시작되자 마자 모든 계좌들의 이익을 실현시키기 시작하였다. 믿을 수 없는 일이 일어났다. 지난 4월에 손실이 났던 10억원의 금액이 모두 회복된 것이다. 그리고 고객들 계좌에 넣어 주었던 내 돈은 모두 돌려받을 수 있었다.

이런 것을 기사회생이라 하던가? 진짜 바닥에서 천장으로 날아올랐다. 내가 만일 국내에 있었다면 나는 이러한 수익률을 얻지 못했을 것이다. 단말기를 쳐다보고 있다 보면 수익실현에 대한 욕구가 생기게 될 것이고, 중간 적당한 순간에 모든 포지션을 청산했을 것이다.

고객들도 환호를 했다. 손실이 100% 회복되고 나니 고객들은 나를 더 신뢰하기 시작하였다. 그리고는 더 많은 자금을 계좌에

집어넣는 것이었다. 다른 고객들도 소문을 듣고 계좌를 위탁하겠다고 찾아왔다. 내가 관리하는 고객 수도 늘어났지만, 고객예탁자산도 200억원대를 넘어서게 되었다. 짧은 시간에 매우 빠른 상승세였다.

진짜 가장 큰 위기가 나에게는 절호의 기회로 바뀐 것이었다.

20. 인생의 정점, 최고의 지점장이 되다

증권사에서 영업직원들은 지점장이 되는 것을 최고의 꿈으로 여긴다. 그런데 나는 그 꿈을 생각지도 못한 방법으로 이루고 있었다. 한번의 위기를 거친 후 서초로얄영업점은 고객 예탁자산이 빠른 속도로 불어나면서 실적 또한 급성장해서 교보증권의 주요지점 중에서 명실상부한 위치로 올라서고 있었다. 8월부터는 서초로얄영업점 실적이 일반지점들을 앞지르기 시작하였고, 연말이 되었을 때 60여개 교보증권 지점 중에서 실적으로 1등 점포가 되어 있었다. 영업점을 만든 지 1년도 지나지 않아 최고의 자리에 올라가게 된 것이다. 우리 영업점의 주력상품은 옵션거래였고, 그로 인한 수입이 전체의 90%를 차지할 정도로 높았다. 그 거래의 대부분은 내가 관리하는 고객들과 K씨가 운용하는 계좌에서 나왔다. 두팀의 실적이 영업점 실적의 대부분을 차지하고 있었다.

나에게는 그만큼의 보상도 크게 따라왔다. 당시 비용을 제외하고 매월 영업점에서 발생하는 수익 중 일정 부분을 영업점장에게 성과급으로 지급하는 시스템이었기 때문에 내가 받은 성과급은 수억원대 연봉을 훨씬 넘어서는 상상을 초월하는 수준이었다. 모든 직원들의 부러움의 대상이었고, 모든 지점의 롤모델이 되어 있었다. 우리 영업점에 근무하는 업무직원들도 지점실적에 연동하여 자기급여의 100%까지 성과급을 받을 수 있었는데, 이 성과급이 거의 매월 지급되고 있었다. 최고가 되자 회사도 그만큼 파격적인 대우를 해 주었던 것이다.

당시 매 분기마다 지역별로 지역본부장회의가 있었는데, 이 회의에서 서초로얄영업점은 전 지점의 벤치마킹 대상이 되었다. 나와 함께 같이 시작한 15개의 사이버영업점들은 2000년 4월까지 모두 영업점을 개설하였지만, 수익을 내는 점포는 얼마 되지 못했다. 회사에서는 사이버영업점 모두에게 우리 영업점처럼 투자상담사를 배치하도록 해 주었고, 이후 사이버영업점들 중에서도 실적이 조금씩 올라오는 곳이 생겨나기 시작하였다.

당산동에서 조그만 연립에 살았던 나는 1년 만에 전세자금을 만들어서 서초동의 아파트로 이사를 가게 되었고, 저축할 여유도

생겼다. 금전적인 안정과 여유가 생기자 12월 말에는 연말휴가를 내서 아내와 함께 호주로 여행을 떠났다. 지난번 6월의 하와이 여행은 손실 때문에 마음에 여유가 없어서 즐겁게 관광도 할 수 없었고 마음에 근심만 가득한 피곤한 여행이었다면, 이번 여행은 모든 근심과 걱정을 내려놓고 새해를 새롭게 구상하는 여행이었다. 특히 12월 31일날 저녁에 호주의 시드니 항구에 있는 하버브릿지에서는 새해를 시작하는 가장 화려한 불꽃놀이가 있었다. 하버브릿지 건너편 오페라하우스 옆에 있는 공원에서 바라본 불꽃놀이는 매우 인상 깊은 장면이었다. 내 인생이 화려하게 펼쳐지고 있었던 때였으니 더 멋지게 보였는지도 모른다. 38세의 젊은 나이에 인생 최고의 정점에 올라 있던 나는 그야말로 두려울 게 없었다.

2001년이 되면서 또 다른 만남이 나를 기다리고 있었다. 새로운 고객들이 생겨난 것이다. 당시 코스닥에 상장된 중소기업 대표로 계셨던 C사장님을 가까운 지인들을 통해 소개받았다. C사장님은 200여억원에 해당하는 상장주식을 보유하고 계셨는데, C사장님의 주식은 경영권 때문에 함부로 매매할 수는 없었다. 하지만, 대용자산으로 설정하게 되면 선물옵션을 매매하여 수익을 얻을 수 있었다. 마침 내가 관리하는 대부분의 고객들은 주식이나 채권을 대용으로 설정하여 옵션을 거래하는 매매를 하고 있었기 때문에 좋은 기회였던 것이다.

나는 2월부터 C사장님의 계좌를 운용하기 시작하였고, 시장은 큰 변동성이 없었기 때문에 콜옵션과 풋옵션 양매도를 통해 매월 안정적으로 수익을 얻을 수 있었다. 그 외에도 또 다른 상장업체 대표들도 내 주요고객으로서 자산관리가 이루어졌다. 보통 적게는 5억원에서 10여억원에 이르는 고객들이 많았고, 소액고객의 경우 1~2억원 정도가 대상이었다. 내가 위탁받아서 관리하던 계좌가 400여억원 수준을 넘어서고 있었다. 고객들에게 매달 적게는 5~10% 정도의 수익이 발생하였다.

주가지수옵션은 매월 둘째 주 목요일이 만기일이기 때문에 둘째 주 만기일 전에는 큰 문제가 없는 한 수익실현을 하고 정산을 해 주었다. 수익이 발생할 때마다 고객들은 얼마나 환대를 잘 해 주셨는지 모른다. 고객들은 마치 매달 보너스를 받는 것과 같은 상황이었다. 작년에 이어 2001년에도 서초로얄영업점은 계속 지점영업실적 순위 1등을 지속하며 최고의 자리를 지켰다.

한편 정말 반가운 만남도 있었다. 중학교 때 단짝이었던 친구였다. 이 친구는 어린 시절, 부모님을 따라서 프랑스에서 살다가 귀국한 후 막 우리 반에 전학을 온 친구로 처음에는 한글도 잘 못 쓰던 친구였다. 이 친구와 우리집은 50여미터 정도 떨어져 있었기 때문에 매일 만나서 함께 어울리던 아주 가까운 사이였다. 대학교를 진학한 후 미국으로 유학을 떠나면서 소식을 알 수 없었는데, 우연찮게 연락이 닿은 것이다. 미국 뉴저지주에 살고 있었고, 국내에는 자주 들어오는 편이었다.

너무나 오랜 친구였기에 나는 특별히 여름휴가를 내어서 뉴저지에 있는 친구집으로 아내와 함께 여행을 갔다. 2001년 7월 중순이었는데, 날씨는 약간 더웠던 것으로 기억된다. 친구 집은 뉴욕의 허드슨강 건너편 뉴저지에 있었는데, 넓은 잔디밭이 있는 2층의 단독주택으로 꽤 부유한 동네였다. 3~4일간 친구집에 머물면서 뉴욕시의 명물들과 자유의 여신상을 관광하였고, 뉴저지의 멀지 않은 곳에 살고 계신 외삼촌도 찾아뵐 수 있었다.

내 친구도 뉴욕에 있는 증권사에 근무하였었기에, 친구의 안내로 맨하튼에 있는 뉴욕증권거래소를 방문할 수 있었다. 미국증권시장 뉴스가 나올 때마다 TV 화면에 주요장면으로 가장 많이 나오는 뉴욕증권거래소는 마침 휴일이어서 사람들은 없었지만, 전 세계 금융시장의 중심지라는 것에 흥분을 감출 수 없었다. 맨하튼 증권거래소 건물앞에 있는 테라스에는 점심시간에 많은 사람들이 샌드위치와 커피를 마시며 담소를 나누는 모습이 눈에 들어왔다.

그리고 증권거래소 건너편에는 국제무역센터인 트윈타워 쌍둥이 빌딩이 웅장하게 서 있었다. 걸어서 트윈타워 건물 앞에 다다르자 그 높이가 내 마음을 압도하고 있었다. 가지고 갔던 캠코더로 건물을 찍어 보았는데, 고개를 거의 90도로 젖혀야 건물의 꼭대기를 볼 수 있었다. 트윈타워 건물 사이에는 분수대와 함께 작은 무대가 설치되어 있었는데, 마침 누구나 볼 수 있는 야외공연이 진행되고 있었다. 참 아름다운 광경이었다.

오후에 뉴저지에 있는 친구집으로 돌아오면서 허드슨 강가에서 뉴욕시를 바라보았다. 맨하튼의 고층빌딩과 함께 트윈타워의 모습이 제일 먼저 들어왔다. 뉴욕에서 7월의 즐거운 휴가를 마무리하고, 나는 서울로 돌아왔다. 그리고 다시 복잡한 일상으로 복귀하였다.

제3편

다시 닥쳐온 시련, 그리고 또 한번 날아오르다

제3편 다시 닥쳐온 시련, 그리고 또 한번 날아오르다

21. 911테러와 200억원의 손실

아시아의 외환위기인 IMF체제로 심각한 불황에 빠졌던 세계 경제는 Y2K에 따른 IT버블로 급등하였지만, IT버블이 꺼지면서 2000년 초반부터 2001년 중반까지 세계경제 둔화로 인해 우리 종합주가지수 kospi는 500~630포인트 사이에서 등락을 이어가고 있었으며, kospi200지수는 60~80포인트 구간에서 움직이고 있었다. 나는 내 고객들의 예탁자산을 이 구간 범위 내에서 움직일 것으로 예상하고, 콜옵션과 풋옵션을 적절히 양매도하는 포지션을 설정하였다. 그리고 대부분 내가 예상했던 범위를 벗어나지 않으면서 매월 안정적인 수익을 가져다 주었다. 그림에서처럼 박스구간은 상당기간 지속되었다.

2001년 7월 말에 미국으로 휴가를 다녀오고 나서, 잠시 느슨해 진 마음을 가다듬고 다시 거래에 들어갔다. 8월부터 다시 9월물 옵션을 대상으로 하는 양매도 전략을 시작하였다. 8월 중순부터 콜옵션과 풋옵션을 중심으로 천천히 양매도에 들어갔다. 하지만, 여름철이라 그런지 시장의 변동성은 매우 축소되어 있었고, 옵션프리미엄도 너무 작아서 9월물 만기일이 다가오는데도 이렇다 할 수익을 얻지 못하고 있었다. 대개는 옵션만기일 3~4일전에 모든 포지션을 정리하고 수익을 실현하는 편이었는데, 9월 들어서는 수익이 너무 나지 않았다.

9월 둘째 주 만기주가 다가왔다. 이번에는 수익이 너무 없었기 때문에 조심스럽지만, 만기일인 목요일까지 포지션을 그대로 끌고 가기로 결정하였다. 콜과 풋을 양매도한 상태에서 주가 움직임이 그 자리에서 크게 움직이지만 않는다면 만기일이 지나면 모든 것이 수익으로 정리되는 상황이었다. 월요일과 화요일은 예상대로 주가움직임이 거의 없는 조용한 상태였다. 화요일인 9월 11일 국내주식시장은 종합주가지수인 kospi지수가 540.57, kospi200지수는 66.55로 마감한 상태였다.

9월 11일 화요일 저녁, 이 날도 아내와 함께 저녁식사를 하고서, 집 앞의 예술의 전당으로 산책을 갔다. 이제 더위가 한풀 가라앉기 시작했기에 산책하기에는 알맞은 날씨였다. 예술의 전당에 있는 분수에서는 음악에 맞추어 멋진 분수쇼를 하고 있었고, 많은 사람들이 산책을 즐기러 나와 있었다. 10시가 조금 넘어 집으로 들어온 후 간단히 샤워를 하고 TV를 시청하고 있었는데, 갑자기 긴급뉴스가 화면을 가득 채우기 시작하였다. 미국 시간으로 9월 11일 아침 8시경 뉴욕 맨하튼의 국제무역센터인 트윈타워에 비행기가 충돌하는 장면이 실시간으로 들어오고 있었다. 비행기가 건물에 충돌하는 장면이 나왔고, 건물에서는 검은 연기와 함께 화재가 나고 있었다. 그리고는 사고인지 테러인지는 확인할 수 없다는 소식이 계속해서 들어오고 있었다. 잠시 후 또 다른 비행기가 트윈타워의 다른 쪽 건물로 돌진하고 있었다.

911테러가 발생한 것이다. 7월 말에 트윈타워를 직접 방문해서 그 건물에서 사진도 찍고 야외음악회도 보고 왔었기에 내 눈은 더욱 생생하게 그 모습이 들어 왔다. 또 다시 30여 분이 지나자 트윈타워는 갑자기 무너져 내리기 시작했다. 온통 뿌연 먼지가 일어나면서 거대한 건물이 순식간에 사라져 버린 것이다. 한편 트윈타워 근처에 있던 뉴욕증권거래소는 트윈타워 붕괴로 인해 곧바로 미국증권시장이 폐쇄 되었고, 전 세계 주식시장은 순식간에 폭락하고 있다는 뉴스가 들어오고 있었다.

트윈타워가 무너지면서 내 머릿속도 하얗게 변했다. 양매도 포지션을 취해 놓은 고객들의 계좌 때문이었다. 만기일이 9월 13일이니 이틀만 지나면 수익으로 마감하는 계좌들인데, 주가지수가 급락하면 엄청난 손실이 발생하기 때문이었다.

밤을 꼬박 새우며, TV를 통해 계속 전해오는 소식들을 들으면서 우리 증권시장이 걱정되기 시작하였다. 새벽이 되자, 일본정부는 증권시장에 충격을 줄이기 위해 휴장을 결정하였다. 홍콩도 동일한 뉴스가 들어오고 있었다. 그렇다면 우리 시장도 휴장할 것이라고 생각하면서 계속 뉴스에 귀를 세우고 있었다. 7시경 우리 금융당국은 시장의 혼란을 피하기 위해 증권시장을 휴장하지 않고, 증시개장 시간을 오전 9시에서 12시로 3시간 미룬다는 소식이 들려왔다.

9월 12일 수요일. 온 밤을 꼬박 세우고 나서, 잠시 마음을 가다듬은 나는 세수를 하고 영업점으로 나갔다. 영업점 직원들도 밤새 뉴스를 통해 사태의 심각성을 깨닫고 있었다. 내가 관리하고 있던 계좌들의 총자산은 450여억원 정도였는데, 모두 콜옵션과 풋옵션을 양매도하는 전략을 취하고 있었다.

전일인 9월 11일에 종합지수인 kospi지수는 540포인트, 그리고 선물옵션의 거래대상인 kospi 200지수가 66.55로 마감한 상태였다. 그런데, 내가 가지고 있던 포지션은 풋 65.0 매도 3만계약과 풋 67.5 매도 400계약 정도를 보유하고 있었다. kospi 200지수가 66.0 이하로만 내려가지 않으면 모두 수익이 나지만, 그 구간을 벗어나면 손실이 나는 그런 포지션이었다. 전일 풋 65.0의 가격은 0.19였고, 풋 67.5의 가격은 1.40포인트였다.

911테러는 미국인들의 가슴에 아픔을 가져왔을 뿐 아니라 우리나라에서 옵션을 매도하는 사람들에게도 엄청난 충격을 주는 일대 사건이었다. 다음은 2001년 9월 12일자 신문기사를 발췌한 것이다.

> 예기치 않은 미국의 동시다발 테러 발생으로 2001년 9월 12일 국내 옵션시장에서 가격이 무려 504배 폭등한 종목이 출현했다. 이날 옵션시장에서 오는 13일 만기인 풋옵션 '행사가격 62'종목은 시가가 전날종가 0.01포인트에서 1.66포인트 높은 1.67포인트로 출발, 장중 내내 상승세를 지속하다 결국 5.05포인트로 마감됐다. 이 종목은 마감직전 한때 5.45포인트까지 치솟기도 했다. 주식으로 치면 전날 주가가 1000원에서 50만5000원으로 폭등한 셈으로 전날 0.01에 매입한 투자자가 이날 50만5000원에 팔았다면 504배에 달하는 수익을 올렸다는 뜻이다.
>
> -한국경제신문 2001년 9월 12일자-

위의 신문기사대로 풋62.5종목은 무려 504배까지 상승하는 일이 발생했다. 즉 이 옵션을 1,000원에 100계약만 매수했어도 5,050만원의 큰 돈을 벌수 있었다.

<표 1-1> 911테러 당시 일자별 옵션시세표

종목\일자	9월11일	9월12일	9월13일
종합지수	540.57	475.60	499.25
	-10.16 (-1.84%)	-64.97 (-12.02%)	23.65 (4.97%)
KOSPI200	66.55	58.59	61.58
	-1.29 (-1.90%)	-7.96 (-11.96%)	2.99 (5.10%)

콜옵션			9월물	풋옵션		
9월13일	9월12일	9월11일	행사가격	9월11일	9월12일	9월13일
0.01	0.01	0.34	67.50	1.40	10.20	6.80
0.01	0.04	1.55	65.00	**0.19**	**7.50**	4.25
0.02	0.17	3.90	62.50	**0.01**	**5.05**	1.80
0.71	0.52	6.30	60.00	0.01	3.00	0.07
3.2	1.35	8.80	57.50	0.01	1.73	0.01

9.11테러가 발생한 9월 11일에 우리나라 주식시장의 종합주가지수는 540.57 (kospi200=66.55)로 마감하였으나, 9월 12일에는 종합주가지수(kospi) 64.97포인트(kospi200지수는 −7.96)나 폭락한 475.40으로 마감하면서 행사가격이 62.5인 풋옵션이 1,000원에서 505,000원으로 폭등하였고, 반면에 콜옵션은 39만원에서 2,000원으로 폭락하였다. 911테러로 인해 풋옵션가격이 이렇게 폭등할 수 있었던 원인은 바로 결제일을 이틀 앞두었기 때문에 풋옵션 프리미엄이 대부분 소멸되고 있는 상황이어서 더 큰 충격이 있었던 것이다.

우리나라 증권시장은 개장시간을 늦춰 12시에 하기로 되어 있었다. 드디어 장 개장시간인 12시가 다가오고 있었다. 숨막히는 순간이었다. 증권시장은 개장하자마자 시작과 함께 9% 이상 갭하락하며 출발하였다. 시장 움직임을 나타내는 선물차트는 갭하락 하였음에도 불구하고 계속해서 하락을 나타내는 파란 봉이 만들어지고 있었다. 하락대응으로 쫓아가서 손실을 줄여야 한다는 생각을 하면서도 무엇부터 어떻게 해야 할지를 몰라서, 속절없이 떨어지는 지수를 바라보면서 마음만 계속 타들어 갔다. 손실이 더 커지기 전에 조금이라도 줄일 수 있는 방법은 포지션을 정리하는 것 외에는 없었다. 하는 수 없이 조금씩 손실을 확정지으며, 포지션을 정리하는데, 마음 한편에서 어차피 오늘 급락이라면, 내일 옵션결제일에는 조금은 반등을 하며 끝날 수도 있다는 생각이 들었다.

잠시 손을 멈추고 기도했다.

'주님 도와주세요. 제가 어떻게 하면 좋을까요?'

'방법을 알려주세요.'

'그래, 내일 반드시 반등이 올꺼야!'

'여기서 모두 손실을 처리한다면 계좌를 다시 회복시킬 수 없다. 내일 손실 부분을 다음 달로 넘기자.'라는 생각이 머리를 스치고 지나갔다. 매매를 중지하고 시장이 끝나기를 기다렸다.

우리 증권시장은 이렇다 할 반등없이 12%가 하락하며 마감하였다. 여기저기서 고객들로부터 전화가 오고 있었지만, 받을 수가 없었다. 450억원 정도였던 고객 예탁금에서 평가손실이 200여억원 가까이 발생하였다. 눈앞이 캄캄해 졌다.

나는 C사장님을 찾아뵙기로 하고 사무실을 나섰다. 사무실 앞

강남대로는 분주하게 차들이 움직이고 있었고, 많은 사람들이 오가고 있었다. 저들에게는 아무런 일들이 없었지만, 나에게는 911 테러가 현실이었다. 엄청난 손실과 공포가 내게 다가온 것이다. 하늘을 쳐다보는데, 하늘이 노랗게 보였다. 그리고는 회색빛으로 바뀌고 있었다. 그토록 맑고 푸른 하늘이 나에게는 미래가 없는 죽을 것만 같은 공간으로 엄습해 왔다.

천천히 무거운 발걸음으로 C사장님을 찾아갔다. C사장님은 어두운 얼굴로 나를 기다리고 계셨다.

"어서와요 고지점장! 어떻게 되었어요?"

"현재까지 손실은 원금에서 40% 정도 발생한 것 같습니다. 너무 손실이 커서 손실을 실현하지 않고, 내일 기다렸다가 다음달로 손실을 넘기려 합니다."

"음"

C사장님의 음성은 의외로 차분하셨다.

"그래요 내일 상황을 봅시다. 너무 걱정하지 말아요."

C사장님께 인사를 드리고, 천천히 다른 몇 분의 고객을 찾아뵌 다음 사무실로 돌아왔다.

911테러가 나에게 200여억원의 손실을 가져다준 것이다. '나는 이제 어떻하지?' 종잡을 수 없는 수많은 생각들이 오가고 있었다. 나뿐만이 아니라 우리 지점에 고객으로 있던 K씨의 투자컨설팅도 손실이 불가피했다. 사무실로 돌아온 나는 내일 시장 움직임에 대한 대응책을 고민하였다.

'그래, 어차피 오늘 발생한 손실은 엎어진 물이다.'

'내일부터는 손실복구를 위한 적극적인 방법을 찾아보자.'

그동안은 주로 외가격의 싼 옵션을 매매하였는데, 내일부터는 가격이 비싼 종목을 매도하는 공격적인 방법으로 가자는 생각이 들었다. 피곤한 몸을 이끌고 집으로 돌아 온 나는 잠자리에 들었지만, 잠을 이룰 수가 없었다.

9월 13일 목요일. 새벽 5시에 일어난 나는 집 앞 가까이에 있는 작은 교회를 찾아갔다. 내 생애 처음으로 새벽기도회에 나간 것이다. 간절히 기도했다.

"주님, 살려주세요!"

"저는 어떻게 해야 할지 알 수가 없어요."

"도와주세요."

긴 시간동안 처음으로 눈물을 흘리며 간절하게 기도를 하였다. 새벽기도를 마치고 나오자, 깨끗하고 신선한 새벽 공기가 나의 정신을 맑게 해 주는 듯 했다.

9시에 증권시장은 다시 시작되었다. 전일 급락했던 시장은 다행히 상승으로 반등하고 있었다. 어제 발생한 손실 200여억원은 하루만에 150여억원으로 50억원 정도 줄어 들었다. 이제 오늘은 9월물 옵션결제일이기 때문에 남아 있는 9월물 풋옵션 65.0에 매도되어 있는 2만6천계약을 어떤 식으로든 정리해야만 했다.

먼저 손실을 줄이기 위해 내가 선택한 방법은 9월물을 청산하고 10월물 콜과 풋옵션을 양매도 하는 것이었다. 현재 주가지수가 500포인트였고, kospi200지수는 61.5선 이었기에 나는 과감하게 10월물 행사가격 60.0과 62.5의 콜과 풋옵션을 중심으로 양매도에 들어갔다. 이렇게 하면 현재 가지고 있는 증거금으로 손실금액을 모두 10월 결제일까지 넘길 수가 있었다. 즉, 손실을 10월물로 모두 넘겨서, 손실을 줄여 나갈 기회를 엿보려는 것이었다. 10월 둘째주 만기일인 10월 11일에 코스피200지수가 63.00 근처에서 머물게 되면 손실의 90% 이상을 복구할 수 있는 방법이었다.

물론 63.00과 멀어질수록 손실은 더 커질 수도 있었다. 모험이었다. 이제 10월 옵션만기일까지 주가가 큰 하락없이 조금씩 반등만 해 준다면 손실은 줄여 나갈 수 있을 것이다.

마음을 조아리며 매일매일 시장 움직임을 예의 주시하였다. 9월말에 코스피 200지수가 57포인트까지 하락하였으나 다행히도 10월이 되면서 반등을 시작하였고, 10월 결제일인 11일이 되자 내가 예측한 63포인트 부근까지 극적으로 반등을 해 주었다. 한달 간의 고통스러운 시간이 지나고 손실의 상당 부분을 회복

할 수 있었다.

911테러 이후 하루하루가 나에게는 피말리는 싸움이었다. 다행히도 주가지수는 500선을 회복하면서 고객들의 계좌 손실은 급속하게 줄어들고 있었다. 10월 말쯤 되었을 때 고객 대부분의 손실은 90% 이상 회복되었고, 이제 손실금액도 20억원 미만으로 줄어들었다. 911테러의 충격에서 어느 정도 벗어나는 것처럼 보였다.

22. 감당하지 못할 또 다른 시련 - 100억대의 손실

11월이 되면서 우리 주식시장은 911테러 이전 수준으로 빠르게 회복되었고, 그동안 500~630의 장기박스권 상단부근까지 올라오고 있었다. 나는 아직 완전히 회복하지 못한 계좌들의 손실 복구를 위한 마지막 노력을 계속하고 있었다. 이제 한 걸음만 더 가면 모든 것이 정상으로 돌아가게 되는 상황이 눈앞에 놓여 있었다. 하지만, 내 마음은 안도감과 더불어 초조함과 함께 알지 못하는 묘한 느낌을 가지고 있었다.

'이제 조금만 더 가자.' 911테러는 예측하지 못했지만, 이후 반등을 정확히 예상하고 대응하여 손실을 거의 회복한 상태였기에, 향후 주가는 장기 박스권을 그대로 유지할 것으로 예측을 했다. 이제 주가가 600선을 코앞에 두고 있어 많이 상승한 점도 추가상승보다는 등락을 이어갈 것이라 판단한 이유였다. 이에 따라 12월물 옵션은 상승보다는 횡보나 하락에 대비하는 포지션을 구축하였다. 550을 중심으로 500~600선까지를 안전지대로 하는 매매전략을 구축하였다. 911테러의 위험에서 아직 완전히 벗어나지 못한 상황이라 시장이 크게 상승할 것으로 보이지 않았던 것이다.

하지만, 미국은 911테러로 인한 경기침체를 벗어나기 위한 적극적인 경기부양책을 실시하면서 시장은 추가상승을 계속 이어가고 있었다. 그리고 그 상승세는 매우 강하게 나타났다. 예상을 벗어난 주가지수의 상승으로 이제 거의 손실을 회복한 계좌들이 다시금 조금씩 손실구간으로 들어서면서 손실이 불어나고 있었다. 박스권 시장에 익숙해 있던 나에게 한 방향으로의 상승은 익숙치 못한 경험이었다.

'안돼!, 911테러도 벗어났는데, 이럴 수는 없다.'

'많이 올랐는데, 이제 한번 조정이 오겠지, 괜찮을 거야.'

시장이 계속해서 상승하자 나 자신을 위로하면서 조심스럽게 계좌들을 관리하였지만, 불안감이 엄습하고 있었다. 11월 중순에 600선을 넘기 시작한 주가는 내가 설정한 안전구간의 상한선인 630선을 벗어나 상승을 이어가고 있었다. 나는 급히 소액계좌들을 모두 정리하고, 가장 규모가 큰 C사장님 계좌와 몇몇 계좌만을 집중적으로 관리하기 시작하였다. 주가가 조금씩 올라갈 때마다 내 몸에 피가 바싹 바싹 마르는 것 같았다. 20여억원 이하로 줄어들었던 손실은 40억원에서 60억원으로 다시금 늘어나기 시작하였다. 누군가가 내 목을 계속 조르고 있는 느낌이었다.

이제 손실 규모는 내가 감당할 수 있는 수준을 다시 넘어서고 있었다. 나는 손실이 다시 크게 늘어나자 C사장님께 손실상황을 보고 드렸다. 11월 20일경 C사장님이 아침 7시에 르네상스호텔 커피숍에서 만나자고 연락이 왔다. 이제 어떤 결단이 필요한 시점이 가까워 오고 있었던 것이다. 7시에 르네상스호텔 커피숍으로 나갔다. C사장님이 먼저 나와서 기다리고 계셨다.

나는 사장님께 먼저 인사를 드렸다.

" 어서와요 고지점장! 자리에 앉으세요. 어때요?"

"네, 어제는 손실걱정 때문에 제대로 잠을 자지도 못했습니다.

사실 걱정이 많이 됩니다. 사장님."

C사장님은 한 동안 아무 말씀 없이 조용히 계시다가 말문을 여셨다.

"이번에 겪는 어려움은 아마 하나님이 내게 주시는 연단인 것 같아요. 이번에 교회에서 장로로 피택 되었는데, 우리 교회에서는 장로로 피택되면, 오히려 어려움을 겪는 분들이 많았어요. 그런데, 이번에 내가 이런 것을 겪게 되는 것 같습니다. 고지점장, 모든 것을 주님께 맡깁시다."

나는 C사장님의 대범함에 놀라지 않을 수 없었다.

"자! 우리 함께 잠시 기도합시다."

C사장님은 성경책을 꺼내 들고, 성경의 한 구절을 읽고 계셨다. 그리고는 C사장님과 함께 조용히 커피숍 한 구석에서 간절히 기도하였다.

'주님! 제발 이번 위기에서 꼭 회복시켜 주세요.'

'정말 열심히 주님을 위해 살겠습니다.'

나는 간절한 마음으로 기도를 드렸다. C사장님과의 조찬만남은 이렇게 기도로 마무리하였다.

영업점으로 돌아온 나는 주식시장의 움직임을 예의 주시하고 있었다. 하루 이틀 정도 시장이 약하게 눌리면서 한숨을 돌리는 듯했다. 위험에 대한 대응책도 추가해 두었다. 그러나 이러한 노력에도 불구하고, 시장은 우리의 기대와는 달리 23일부터 26일까지 다시 급등하기 시작하였고, 손실이 100여억원 이상으로 급증하였다.

더 이상 손실을 감당한다면 모든 계좌가 깡통이 날 수도 있었다. 하는 수 없이 나는 C사장님께 연락을 드렸고, C사장님은 모든 계좌를 정리하라고 하셨다. 11월 27일 눈물을 머금고 100여억원의 손실을 실현시킨 가운데 계좌를 모두 정리하였다. 손실을 내고 계좌를 정리하는 동안 내 심장은 멎을 것만 같았다. 911테러도 무사히 넘기는가 싶었는데, 오히려 이번에는 주가 급등으로 손실을 보게 된 것이다. 하지만, 또 다른 문제가 하나 남아 있었다. C사장님의 계좌에는 손실금을 모두 정리할 만한 현금이 남아 있지 않았다. 그동안 수익을 많이 내기는 했지만, 수익금만으로는 손실을 모두 감당할 수 없었던 것이다. 내가 가지고 있던 현금을 모두를 집어 넣었지만, 그건 아무런 도움이 되지 못했다.

C사장님이 보유하고 계신 주식의 일부를 처분해야만 했다. 그런데, C사장님이 가지고 계신 주식을 그냥 시장에 매도하게 되면, 그 종목의 가격이 급락할 수 밖에 없었다. 이렇게 되면 이중으로 더 큰 손실을 보게 될 수 있었기에 나는 교보증권 사장님께 C사장님의 처분주식을 회사가 직접 인수한 후 시장에서 분할해서 처분해 달라고 부탁을 드렸다. 그럼 시장에 충격을 주지 않고, 주식을 처분하여 부족한 현금을 마련할 수 있기 때문이었다. 회사에서도 이 상황을 예의주시하고 있었기에 적극적으로 협조해 주었다.

결국 C사장님은 100여억원의 손실이 발생하였고, 자신의 보유 주식 중 일부분을 처분하고 나서야 모든 계좌를 정리할 수 있었다.

그리고 C사장님은

"고지점장! 이건 너무 위험한 매매였던 것 같아."

"죄송합니다. 사장님. 뭐라 변명드릴 말씀이 없습니다."

"이번 손실은 내가 겪어야 할 연단이라고 생각해.
고지점장도 잘 생각해 봐. 고생했어."

C사장님은 더 이상 나에게 아무런 말씀을 하지 않으셨다. 나는 100여억원의 손실을 입은 C사장님의 마음을 헤아릴 수는 없다. 이렇게 큰 손실을 입고도 담담하게 현실을 받아들이는 모습에서

존경과 경외감을 느끼지 않을 수 없었다. 911테러가 났을 때와 같이 이번 손실로 내 가슴이 타들어가는 것을 느꼈는데, 이 고통을 감당하고 계실 C사장님을 생각하니 내 마음이 더욱 아파왔다. 한없이 죄스러운 마음이 들었다. 나는 C사장님께서 시련을 잘 극복할 수 있게 해달라며 매일 간절히 기도를 드렸다.

C사장님의 계좌를 정리한 나는 한동안 정신을 차릴 수가 없었다. 내가 지금 무엇을 하고 있는지 알 수 없었다. 빨리 이 위험한 곳에서 벗어나고 싶은 마음만이 가득했다. 남은 계좌들 중에서 함께 손실이 난 계좌들은 고객들과 협의를 통해 정리를 해 나갔다. 하지만, 아직도 정리되지 못하고 남은 계좌들이 있었다.

마음 한편에서는 빨리 회복하고, 어디론가 훌훌 떠나고 싶은 생각뿐 이었다. 남은 계좌들을 복구하는 데는 속도를 늦추었다. 가급적이면 이익보다는 위험을 더 관리하는 매매를 하기로 마음을 먹었다. 이미 한 번의 아픔을 맛보았기 때문에 더욱 조심해야 했다. 12월이 지나고 2002년이 되었다.

23. 잠시나마 되찾은 안정, 나를 돌아보는 시간

차츰 충격에서 벗어나고 있던 나는 조심스럽게 나를 돌아보는 시간을 가지려고 노력했다. 날씨가 풀리자 가까운 산으로 등산도 다니고, 가벼운 운동도 다시 시작하였다. 몸이 건강해야 정신도 강해질 수 있을 것 같았다. 조심스럽게 한 걸음 한 걸음 다시금 살피며 나가려고 노력했다. 차츰 광풍이 지나간 이후의 고요함과 적막감이 나를 짓눌렀다. 어느덧 일상은 동일하지만, 반복적 형태로 돌아가고 있었다. 나는 가급적 스트레스를 받지 않으려고 가까운 곳으로 여행을 다녀오곤 하였다. 지점은 다시금 안정을 찾았고, 내 생활도 일상의 분주함으로 돌아가고 있었다.

남아있는 고객들을 다시 안정시키며, 천천히 계좌들이 회복세를 이어 갔다. 증권시장은 911테러를 저점으로 하여 주가지수가 460에서부터 940포인트까지 강한 반등세를 이어갔다. 미국이 적극적인 양적 완화정책을 취하는 가운데, 테러에 대한 전쟁을 선포하고 아프카니스탄의 탈레반에 대한 공세를 이어갔다. 증권시장은 2002년 4월을 고점으로 하여 상승추세를 멈추고 다시 조정기에 들어가면서 등락폭을 다시 키우기 시작하였다.

일정한 구간에 머물러야 수익이 나는 양매도전략으로 대응하던 나의 매매전략은 다양한 합성매매전략으로 전환되었고, 위험관리에 상당한 신경을 쓰면서 안정을 찾는 듯 했다. 하지만, 어떤 매매전략이라도 100% 안전한 것은 없으며, 시장의 변동성을 정확히 예측하지 못하면 또 다른 위험에 들어오게 되어 있었다.

우리 영업점에는 별도의 트레이딩룸이 있었기 때문에 개인고객들이 직접 컴퓨터에 앉아서 매매를 하시는 분들도 계셨지만, 나름대로 큰 자금을 운용하는 분들도 몇몇이 있었다. 또한 영업점을 개설할 때 참여하였던 투자상담사들 중에서는 실적이 올라오면서 자리를 잡아가는 상담사들이 있었던 반면에 실적이 없어 영업점을 떠나야 하는 상담사들도 많았다.

24. 다양한 고객들, 다양한 민원 사고들

간간히 증권영업에 따른 사고도 발생하였다. 고객의 자산을 투자상담사들이 관리하다가 잘못해서 손실이 발생하면 고객과 투자상담사 간에 개별적으로 해결하는 경우도 있었지만, 손실이 커져서 민원으로 가는 경우도 종종 있었다.

한번은 투자상담사 중 한명이 여성고객의 돈을 관리해 주고 있었는데, 그 여성고객이 손실이 발생하자 의도적으로 투자상담사인 A씨를 불러내어 술을 먹인 뒤 개인적인 대화를 녹취를 하는 사건이 있었다. 또한 그 여성은 영업점에 전화를 걸어서 그 상담사에 대한 불만을 제기하면서 증거자료로 삼기 위해 대화를 녹취하고 있었다.

그리고 얼마 뒤 건장한 남성 서너 명이 그 여성고객과 함께 영업점장실로 쳐들어 왔다. A투자상담사가 자신의 손실에 대해 책임을 지겠다고 하였으니 약속을 지키라고 난동을 피우는 것이었다. 영업점에서 고함을 지르며 분위기를 험하게 끌고 가면서 행패를 부리기 시작하였다. 자칫 감정적으로 대응을 하다가는 오히려 문제가 더 커질 것 같았다. 나는 곧바로 행패를 부리는 사람들이 누구인지 어떤 관계인지를 확인하기 시작하였다.

그들은 여성고객의 먼 친척되는 오라버니라며 A투자상담사와 영업점이 손실을 물어내라며 윽박지르고 있었다. 나는 그들에게 자신의 신분을 밝히라고 요청하였다. 그리고 정확히 여성고객과 어떤 관계인지도 확인이 필요하다며 신분증을 달라고 요청하였다. 만일 이에 응하지 않으면 경찰을 부르겠다는 말도 함께 했다.

처음에 소리를 지르며 소란을 피우던 사람들이 내게 명함을 건내는데, 그 명함에는 OO심부름센터 대표라고 되어 있었다. 직감적으로 그 여성이 의도적으로 고용한 사람들임을 알아 차릴 수 있었다. 나는 곧바로 경찰에 신고하였고, 이에 그들은 놀라서 황급히 영업점을 떠나 버렸다.

그런데, 그 여성고객이 A투자상담사와의 통화내역을 몰래 녹취한 녹음테이프를 내 방에 놓고 간 것을 발견하였고, 나는 그의 행동이 고의적인 행위였음을 알게 되었다. 후에 경찰과 감독원의 수사결과 그 여성은 증권투자상담사에게 의도적으로 접근해서 돈을 뜯어내던 꽃뱀같은 여성이었다. 이전에도 다른 증권사에서 동일한 수법으로 투자상담사를 괴롭힌 적인 있었던 것이다. 다행히도 녹취자료를 통해 그 여성의 범죄행위가 밝혀지면서 사건은 무사히 마무리 되었다.

가장 흔한 민원사고는 투자상담사가 고객의 자금을 임의로 운용하다가 손실이 발생하는 경우였으며, 이럴 때면 투자상담사가 갑자기 잠적하는 사고도 종종 있었다. 나는 사고를 낸 투자상담사의 집까지 찾아가서 사실관계를 파악하고 해결방안을 모색해 주어야 했다. 한 투자상담사의 경우 멀리 광주까지 찾아가야 하는 경우도 있었다.

아주 재미있는 사건도 있었다. 한번은 영업점에 자주 나오는 젊은 고객이 있었는데, 그는 우리 영업직원이 아님에도 불구하고 지역정보지인 교차로에 '고수익을 보장한다'며 투자자를 모집하는 광고를 내고 투자자를 모았다. 그리고는 우리 영업점으로 고객을 모시고 와서는 고수익을 얻을 수 있다고 코스닥주식을 추천하며 매매를 하게 만든 것이었다. 나이가 지긋하신 80대를 바라보시는 노신사분이 이 문구에 속아서 자산을 맡기셨다가 손실을 본 경우였다. 나는 노신사분께 사실관계를 설명하고, 영업직원을 사칭한 청년을 고발하라고 했지만, 그분은 더 이상 문제가 확대되는 것을 원치 않으신다면서 조용히 문제를 정리하셨다. 그리고 이후 자주 영업점을 방문하셔서 나와 담소를 나누시며 인간적인 관계를 이어가셨다.

영업점에 있다 보면 여러 유형의 고객들을 많이 마주하게 된다. 우리 영업점에 가장 큰 고객은 역시 K씨가 운영하는 투자컨설팅이다. 개인은 물론 기업들과 금융기관까지 고객으로 확보하고 있어 운영자산만 1000억원이 넘었던 것으로 기억된다. K씨는 우리 영업점이 위치한 건물 8층에 사무실을 가지고 있었고, 우리 영업점의 영업에 상당한 부분을 차지하고 있었기에 영업점에서는 여러 가지 편의를 많이 제공해 주었다.

K씨 고객들이 영업점에 와서 계좌를 개설하면 나는 고객들에게 인사를 했고, 곧바로 계좌개설을 도와드렸다. K씨와 함께하는 자리도 자주 했다. 시장에 대한 의견도 나누고, 운용방법에 대한 의견도 들었다. K씨는 나와 비슷하게 주가지수 옵션으로 매매수익을 얻고 있었는데, 상당히 보수적인 매매전략을 취하며 매월 3~5% 정도의 목표수익률을 달성하였기 때문에 고객들이 끊이지 않았다. 하지만 K씨도 911테러와 11월의 급등장에서 나와 같이 동일한 어려움을 겪으면서 상당수 고객이 타격을 입었고 조금씩 회복을 하고 있는 상태였다.

K씨는 일임자문사를 만들 준비를 하면서 서너명의 직원들과 유능한 운용인력도 확보를 해 두고 있었다. 나는 K씨가 자문사 준비로 사무실을 확장하려 하자 영업점차원에서 시설 일부를 적극 지원하며 도움을 주었다. 어려움을 겪기는 했지만, 아직 우리 영업점은 회사에서 최대실적을 내는 영업점이었다.

25. 아버지 생신날 닥친 10월 10일 폭락 손실

내게 남은 고객들은 대부분 옵션매매를 계속 이어가고 있었다. 고객들 중에는 가까운 친인척들도 상당수 있었고, 같은 아파트에 거주하는 분들이 모여서 같은 계좌로 함께 투자하는 경우도 있었다. 고객들 간에도 서로간에 정보를 주고 받고 계셨다.

거침없이 오르던 주가는 5월부터 다시 하락세로 전환되면서 변동성을 확대하기 시작하였지만, 나는 연초부터 9월까지는 시장변동에 잘 대응하면서 차곡차곡 손실을 회복하거나 조금씩 수익을 쌓아가는 단계에 올라서고 있었다. 수익을 얻는데 있어 가장 중요한 것은 시장의 방향을 정확히 예측하는 것이다. 만일 시장방향을 반대로 잘못 예측하게 되면 그동안 쌓아 놓았던 수익뿐만 아니라 원금도 날라 갈 수가 있었다. 9월 만기일이 지나고, 시장은 다시 횡보를 이어가면서 시장이 점차 안정을 찾는 듯 보였다.

나는 10월물 옵션을 진입하면서, 시장에 큰 변화가 없을 것으로 예상하고, 종합주가지수 720선을 중심으로 100포인트 정도의 등락에도 손실이 나지 않도록 위험을 넓게 잡는 양매도와 합성전략으로 매매에 들어갔다. 주가지수가 620~820포인트 구간내에서만 움직이면 안전수익이 보장되는 그런 전략이었다. 그동안 시장의 평균변동성은 80포인트를 넘지 않았기 때문에 평균적인 변화율을 반영하며 시장움직임에 대응하는 것이었다. 1주일간 예상대로 시장이 안정적인 움직임을 보이며 횡보를 이어갔다.

9월 하순이 되면서 시장은 하락으로 방향을 잡고 다시 내려가기 시작하였다. 10월 초에 660선까지 주가지수가 하락하였지만, 620선까지도 대응할 수 있는 충분한 여유가 있었기 때문에 위험관리에 집중하였다. 이제 일주일만 지나면 수익은 모두 실현될 수 있었다. 4월 말에 950이었던 지수가 600선까지 밀렸으니 이젠 하락할 만큼 충분히 하락하였다는 생각이 들었고, 10월 10일 만기일까지 한번 버텨 보기로 작정을 하였다.

10월 9일에 지수는 619.94선까지 하락하였다. 고점에서 100포인트가 하락하였지만, 아직도 위험구간으로 설정해 놓은 620의 경계선에 있었기에 내일 모든 계좌들의 포지션을 정리하리라 생각을 했다. 현재까지는 조금 손실이 있지만, 만기일인 10일에 이 가격대에서 끝나면 손실없이 모두 잘 정리될 수 있었다. 10월 10일은 칠순을 넘기신 우리 아버지 생신이기도 했으므로, 저녁에 가족 전체가 모여 저녁식사를 하기로 예약되어 있었다.

반등을 기대하며 아침에 장 시작을 기다렸다. 그런데 예상과 달리 장 시작과 함께 주가는 전 일에 이어 하락을 이어가기 시작하였다. 손실은 줄어들지 않고, 조금씩 늘어나기 시작하는 것이었다.

마음에 갈등이 생기기 시작하였다. '지금이라도 정리할까? 아니면 더 기다렸다가 반등이 올 때 정리해야 할까?'하는 생각이었다. 나는 '조금만 더 기다려보자. 반드시 반등이 올 거야.'라는 생각에 손실구간에 진입한 포지션을 그대로 보유하고 기다려 보기로 마음먹었다. 그런데, 10시가 되고 11시가 되면서 주가는 더 하락하기만 하였고, 손실이 커지기 시작하였다. 머릿속이 하얗게 변하면서 아무런 생각도 들어오지 않았다. 손이 떨리고, 마음이 초조하고 점차 무거워졌다. 손실금액은 처음 3억원에서 10억원,

20억원, 30억원, 50억원으로 갑자기 불어났다. 어찌해야 할지 좀처럼 갈피를 잡을 수 없었다. '조금만 더 버텨보자.'라는 생각밖에 들지 않았다.

이러한 손실상황은 나뿐만 아니라 K씨 고객계좌에서도 동일하게 일어나고 있었다. 그쪽과 나는 거의 동일하게 포지션을 구축하고 있었던 것이다. 시장이 마치 우리들에게 복수라도 하듯이 주가하락은 지속되었다. 점심시간이 지나고 600선이 무너지더니 590선까지 하락하였다. 오후 들어서는 더 이상 버틸 수가 없었다. 모든 계좌들의 원금이 거의 날라 간 상황에 이른 것이었다. 나는 눈물을 머금고 떨리는 손으로 손실을 확정짓는 포지션 청산에 들어갔다. 손실금액이 거의 80억원에 이르러서야 모든 포지션을 청산할 수 밖에 없었다.

만기일에 주가가 급락하면서 하루만에 최악의 상황이 발생한 것이다. 정말 안전한 포지션이라고 믿었던 것도 문제였지만, 전일이나 아침에 일찍 정리만 했어도 큰 손실을 막을 수 있었을 것이었다. 작년 11월에 C사장님 계좌가 100억원의 손실이 발생한 적이 있었기 때문에 나는 최선을 다해 위험관리를 하였고, 그 위험관리범위도 상당히 넓게 되어 있었는데도 이러한 사태가 또 다시 발생한 것이다.

온몸이 부르르 떨렸다. 내 고객들에게서 발생한 손실이 80억원에 가까웠고, K씨 고객손실은 수백억원을 넘어선 것 같았다. 오늘 하루동안 우리 영업점에서 발생한 손실이 최소한 200~300억원은 되는 것 같았다. 나는 한동안 아무 말 없이 멍하니 사무실에 앉아 모니터를 쳐다보고 있었다. 주가는 계속 하락하면서 35.9포인트가 하락한 584.04로 마감하였다. 이미 엎질러진 물이니 어찌할 수가 없었다. 먼저 고객들의 계좌 잔고를 확인하고, 손실금액이 정확히 얼마나 되는지를 파악하기 시작하였다. 이세 내가 할 수 있는 것은 고객들에게 자초지종을 설명하고, 민원을 막는 것이었다. 나는 이 위기를 어떻게 해결해야 할까를 놓고 깊은 고민에 빠졌다.

그리고 나의 결단이 필요했다. 고객들에게 최대한 손실에 대해 보상을 해 주기로 결정하였다. 나의 책임을 회피하지 않기로 한 것이다. 먼저 내가 그동안 모아 놓았던 동원 가능한 현금들을 은행에서 인출해 왔다. 총 금액이 12억원을 넘었다. 지난 1년 동안 최고의 지점장 자리에 올라오면서 회사에서 받은 상여금과 수익금의 일부를 모아둔 것이었다.

오후에 고객들이 급하게 영업점을 찾아왔다. 또한 본사에서도 영업추진팀장이 직접 영업점을 찾아왔다. 회사에서는 손실금액이 워낙 큰 데다 민원까지 발생하면 큰 문제가 될 수 있었기에 오전부터 우리 영업점을 모니터링하고 있었고, 손실이 확정되기 시작하자 사장님의 지시를 받고 영업추진팀장이 긴급히 영업점손실금액과 민원발생여부를 확인하기 위해 찾아온 것이었다.

나는 먼저 찾아 온 고객들을 한 분씩 만나서 정확하게 상황과 손실금액을 설명드렸다. 그리고 고객별로 많지는 않지만, 내가 확보한 현금으로 손실을 일부 보전해 주기로 하였다. 그리고 그분들을 위로해 드렸다. 많은 고객들이 그동안 내가 성실히 관리해 온 것을 잘 알고 계셨기에 손실이 크기는 하지만, 손실보전에 대한 방안을 듣고, 합의를 해 주셨다. 나는 합의서를 작성하고 나서, 손실보전금액을 계좌별로 분배해 드렸다. 그리고 합의가 이루어진 고객들은 모두 계좌를 정리하고 잔액을 인출해 갔다. 손실이 큰 계좌들의 경우 남아 있는 금액과 내가 넣어 준 손실보전금을 합해서 다시 복구해 나가기로 합의를 하였다. 내가 준비한 10여억 원의 돈은 이렇게 해서 어디로 간지 모르게 모두 사라졌다.

옆에서 이러한 상황을 본사의 영업추진팀장도 지켜보고 있었다. 그리고 모든 고객이 돌아가자 영업추진팀장이 나에게 말했다.

"고지점장님! 오늘 너무 고생하셨습니다."

"네! 너무 힘든 날 입니다."

"사실, 사장님의 지시가 있었습니다."

"무슨 지시인가요?"

"서초로얄영업점에서 오늘 발생한 손실로 인해 민원이 발생할 것 같으면 곧바로 영업점을 폐쇄하라고 하셨습니다."

"네에~?? 영업점 폐쇄를 고려했다고요?"

"그렇습니다. 그런데, 지점장님이 직접 고객의 문제를 해결하는 것을 보니 놀랍습니다. 회사에서도 오늘 발생한 고객의 수수료를 받지 않도록 조치해 놓았습니다. 마무리를 잘 부탁드립니다."

"네. 아직 해결되지 않은 계좌들은 다시 잘 복구해야죠!"

완전히 절벽에 선 기분이었다. 만약 민원이라도 발생하였다면 곧바로 영업점 폐쇄였다니, 내가 행한 조치로 인해 다행히 영업점 폐쇄는 막을 수 있었던 것이다. 저녁에 있던 아버지 생신모임에 나는 참석할 수가 없었다. 나는 아버지께서 충격을 받으실까 봐 아무 말씀도 드리지 못했다. 하지만, 이날은 내 인생에서 가장 비참하고도 힘든 하루였다.

그런데 또 다른 문제가 나를 기다리고 있었다. 내가 관리하던 고객들은 민원없이 모두 잘 수습되었지만, K대표 고객도 오늘 엄청나게 손실을 입었고, 그 상황은 매우 심각했다.

다음 날, K대표가 나를 찾아왔다. 아무래도 사무실을 모두 정리해야 할 것 같다는 것이었다. 손실이 난 고객들이 어제저녁부터 K대표 사무실로 찾아와서 곤욕을 치루었던 것이다. 나도 아직 어제의 충격에서 완전히 벗어나지 못했는데, K대표까지 무너지니 나에게는 너무 큰 시련이었다.

K대표 고객들은 대부분 K대표가 직접 영업을 해서 모아 온 고객이었기 때문에 손실 처리문제는 내가 관여할 바가 아니었다. 고객 중에서 법인이나 기관고객들은 모두 계좌를 정리하고, K대표와 손실에 대해 협의를 진행하였다. 하지만, 개인고객들은 그날 저녁 K대표를 찾아가서 밤새 붙들고, 손실대책을 요구하였다. K대표는 자신이 살고 있던 대형 아파트에 저당권을 설정해주고, 처분해서 손실을 나누어주기로 합의를 하였지만, 손실금액에 비하면 그 금액은 만족할 만한 수준이 못되었다. 며칠 후 K대표 사무실은 모두 정리되었고, K대표를 담당하던 투자상담사도 영업점에 사직서를 제출하였다. 회사에서는 만일에 발생할지 모를 민원에 대비하여 K대표 담당 투자상담사의 성과급과 급여의 지급을 정지시켜 놓았다.

얼마 지나지 않아 K대표 측과 관련된 민원 한 건이 금감원에 제기되었다. K대표가 관리하던 4명의 고객이 연합해서 민원을 제기한 것이었다. 그분들은 한 아파트에 모여 살던 분들로서 서로 친분이 있던 사람들이었다. 나는 그분들도 우리 영업점의 고객이었기에 최선을 다해 도움을 드렸지만, 그분들은 손실이 발생하자 인정사정 보지 않았다. K대표와 지점장, 그리고 증권회사를 상대로 손해배상을 청구한 것이었다. 민원이 발생하면, 그 민원이 해결될 때까지는 상당한 시간이 소요된다.

26. 다시 처음부터! - 위기가 나를 성장케 한다

지난 10월의 충격적인 손실은 나에게 너무나 큰 상처를 안겨 주었다. 수익이 났을 때는 고객들 대부분이 고맙다는 인사와 함께 선물을 보내주시곤 하였다. 이전까지지는 "지점장님! 이번에 얼마 이익이 났어요?" "고맙습니다."라며 친철하게 대해 주시던 분들이 손실이 발생하게 되자

"어떻게 하실 건가요?"

"책임을 져 주셔야죠."

마치 죽일듯 정색을 하면서 손실보전을 요구하는 것이었다. 하지만, 아주 기억에 남는 고객도 계셨다.

이 고객은 나이가 60을 넘어서는 지긋한 중년의 남성 분으로 공선생님이라고 하셨다. 우리 지점에 오셔서 트레이딩룸을 이용해서 선물옵션을 매매하고 계셨다. 그리고 5억원 정도 금액을 내게 일임하셔서 옵션매매를 하셨다. 물론 트레이딩룸에 계셨기 때문에 단말기로 늘 계좌의 운용과 손익을 파악하고 계셨다. 10월 손실이 발생할 때도 계좌에서 5억원의 손실이 발생하는 과정을 전부 보고 계셨다. 그리고는 그날 장이 끝나자 조용히 내 방을 찾아 오셨다.

"지점장님! 오늘 너무 고생하셨습니다. 이번에 좋은 경험을 했습니다. 너무 걱정 마세요. 모두 제가 책임질 일이지요. 조금

전 계좌를 모두 정리했어요. 다음에 기회가 되시면 또 뵙도록 합시다."

그리고는 조용히 사무실을 떠나셨다. 공선생님은 광주에서 운수업을 하시다가 사업을 모두 정리하시고, 서울로 올라오셔서 노후 생활을 보내고 계셨던 것이다. 그분의 아들 중에는 현직 판사와 검사도 계셨다. 손실에 대해 강하게 책임을 묻고 따질 수도 있었지만, 오히려 나를 위로해 주셨다. 참으로 미안한 마음이 남는 분이다.

10월 10일 만기일에 거액의 손실이 발생하였을 때, 민원발생이 생기지 않도록 조치하는 모습을 지켜본 영업추진팀장은 사장님께 이 모든 사실을 보고 드렸다. 영업점 폐쇄까지 염두에 두어야 할 정도의 심각한 사태로 보았는데, 그 위기를 깨끗하게 그리고 적절히 대응한 것을 사장님은 높이 평가하였다.

10월의 손실로 인해 많은 고객이 떠나면서 영업점 영업환경도 많이 어려워졌지만, 그래도 기본적인 실적은 꾸준하였다. 2003년 3월에 들어서면서, 증권시장 상황이 악화되자 회사에서는 그동안 늘려왔던 지점들을 정리하는 작업에 들어갔다. 60여개의 지점들 중에서 적자가 나는 부실점포는 과감하게 폐쇄되거나 통합하여 40여개까지 축소하는 작업에 들어간 것이다. 2000년 초반에 생겨난 많은 영업점들은 대부분 폐쇄되었고 영업점장들은 각 지점의 영업직원으로 배치되었다. 900포인트까지 올라갔던 주가지수가 500포인트까지 하락하며 증권업계를 어렵게 만들었던 것이다.

하지만 우리 영업점은 다행히도 살아남았고, 나는 지점장겸 이사보로 발령을 받았다. 지난번 위기를 잘 넘기고 안정을 찾게 한 것에 대한 일종의 보상이었다. 이번 승진은 수많은 아픔을 겪은 것에 대한 결과였다.

나는 영업점의 영업직원들을 새롭게 충원하고, 업무환경도 많은 변화를 주었다. 아픈만큼 성장한다고 하였던가. 지금까지 서너 번의 큰 위기가 있었지만, 그래도 나는 오뚝이처럼 다시 일어섰다. 하지만, 이제는 더 이상 쓰러진다면 회복하기가 쉽지 않을 것 같았다. 차츰 나의 아픈 상처도 아물어가고 있었지만, 아직 완전히 회복되지 못한 계좌들도 남아 있었다.

실패를 경험하면 또 다시 실패하지 않기 위해 다양한 방법을 모색하게 되는 법이다. 쫓기는 사람은 서두르게 되고, 반드시 실수를 하게 되어 있다. 조급함은 모든 실패의 원인이 되며, 다가오는 위험을 과소평가하는 것 또한 다른 실패의 원인을 제공한다. 조바심도 문제이지만 과소평가하는 것도 실패의 원인이 되는 것이다.

여유로운 사람은 기다림을 통해 수익을 얻게 되어 있다. 기다리지 못하는 사람은 조급한 결정으로 인해 손실과 위험을 떠안을 수 밖에 없다. 이것은 단지 증권시장에만 통하는 것은 아닐 것이다. 지점에 있다 보면 증권시장에서 수많은 사람들을 접하게 된다. 수익을 얻는 사람은 그 수가 소수에 불과하였고, 기다릴 줄 아는 사람들이다. 하지만, 손실을 보는 사람들은 대부분 조급함이나 위험을 무릅쓰는 사람들이다. 나 또한 이러한 실수를 반복했었던 것이다.

이론적으로는 맞는 말이지만, 막상 위험에 부딪치게 되면 그 위험을 합리적으로 판단할 수 있는 사람은 매우 드물다. 한 두번은 합리적 선택을 하였다고 해도 또 다시 그런 위험이 반복해서 다시 온다면 실수를 할 수밖에 없는 것이다. 2003년은 쉬어가며 나를 회복시키는 한 해였다.

나는 오랫동안 교회에 나가고 있었다. 중고등부와 청년부를 거치면서, 성실한 모범생과 같은 신앙인이었다. 하지만, 직장생활을 하면서 뜨겁지도 차지도 않은 미지근한 신앙이 나를 붙잡고 있었다. 주일 1부 예배에서 악기로 봉사를 드리는 것 외에는 특별한 봉사도 하지 않았다. 단지 교회만을 마치 의무적으로 오고가는 성도였던 것이다. 내게 다가 온 어려움과 역경이 무엇인지 어떤 의미가 있는지를 깊게 생각해 보지 못했던 것이다.

그저 위기가 닥쳤을 때 '주님 이번만 제발 살려주세요. 열심히 살게요.'라며 매달리는 것이 전부였고, 잠시 힘들고 어려웠을 때 새벽기도를 드리다가 위기가 지나가자 원래로 돌아가 버린 것이 전부였다. 어떤 면에서 초심을 잃고 있었는지도 모른다. 내가 현재 어떤 상태인지를 알 수가 없었고, 나는 그 해답을 찾으려 노력하였다. 여러 가지 신앙서적들도 읽기 시작하였고, 나를 위해 늘 기도해주시던 목사님을 만나서 하소연을 하기도 하였다. 하지만, 여기까지였다. 영업점은 다시 안정을 되찾았고, 생활도 차츰 안정을 찾았지만 마음의 안정만은 아직 찾지를 못했다. 늘 불안에 대한 그림자가 나를 쫓아오고 있는 느낌이었다. 2003년은 아픈 손실을 회복하며 절치부심하는 한 해였다.

주식시장도 안정을 찾으며 저점에서부터 계속 상승세를 이어가고 있었다. 2004년 초반까지도 그 상승세는 지속되었다.

27. 통합지점의 설립, 예상되는 수익 악화

2004년 3월 초의 어느 날, 지점을 통괄하는 지역본부장이 우리 영업점을 찾아 오셨다. 본부장님과 나는 내 사무실에서 조용히 대화를 나누었다.

"고지점장, 잘 지내셨죠?"

"네 본부장님, 무슨 일로 여기까지 오셨어요?"

"이번에 부진 점포를 정리해야 돼서 고지점장과 상의하러 왔어요."

"부진 점포라 함은 어디를 말씀하시는 것인지요?"

"현재 대치지점이 좋지 않아요. 이번에 대치지점을 서초로얄영업점과 통합했으면 해요."

"저희 점포와 통합을 한다고요? 꼭 통합을 해야 하나요? 그럼, 저희 점포는 어떻게 되는 것인가요?"

"서초로얄영업점이 대치지점을 흡수하는 형태가 될 거예요. 통합지점의 지점장은 고지점장이 맡게 되었어요."

"네, 감사합니다. 그럼 직원들도 모두 합쳐져야 하지 않나요?"

"그래서 이번에 대치지점과 서초로얄영업점을 통합해서 새로운 장소로 지점을 이전했으면 합니다. 한번 고지점장이 새로 이전할 자리를 찾아 보세요."

"네, 알겠습니다."

지점이 통합되면 내게는 오히려 불리한 점들이 더 많았다. 그동안 서초로얄영업점으로 있을 때는 실적이 안정적이었기 때문에 성과급이 지속적으로 나올 수 있었으나 통합하게 되면, 인건비와 더불어 부실 지점의 비용도 함께 떠안게 되므로 지점수익이 악화될 수밖에 없었다. 그렇게 되면 성과급도 줄어들거나 없어질 수도 있었다. 회사로서는 우수점포에 부실 지점을 합쳐서 비용을 줄일 수 있었던 것이다. 이렇게 해서 교보증권에서 중요 지점가운데 하나였던 대치지점이 서초로얄영업점에 통합되면서 서초지점이 만들어지게 되었다.

3월 말부터 곧바로 새로운 지점 자리를 찾아보아야 했다. 현재 영업점이 있는 강남역 4거리에서는 통합지점이 들어갈 마땅한 건물을 찾을 수 없었다. 나는 남부터미널 근처에 있는 국제전자센터 건물을 찾았다. 이 건물은 원래 청계천의 전자상가들을 이전시키려고 대형유통건물로 만들었던 자리였는데, 상권이 활성화되지 못해 빈자리가 있었다. 마침 12층에 과거 은행이 있었던 400평 규모의 빈자리가 나와 있었다. 건물 임대료도 저렴했다. 나는 회사에 이곳으로 지점을 이전하자고 제의를 했고, 회사에서도 승인이 떨어졌다. 건물 임대차계약을 3월 말에 하고 나서 인테리어에 들어갔다. 4월 하순에 새로운 통합지점에 들어가게 되어 있었다. 점포규모로는 회사에서 가장 큰 규모였다. 지점에는 영업직원들을 수용할 영업장 외에도 교육장을 3개나 갖추었다. 향후 교육 프로그램을 지점이나 회사차원에서 실시할 수 있는 공간도 함께 마련한 것이다.

지점통합 작업으로 인해 제대로 시장을 분석할 경황이 없었다. 2개의 지점을 관리해야 했고, 새로 옮겨갈 지점도 신경을 써야 했다. 한동안 위험을 잘 관리하며 계좌들을 운용해 왔기 때문에 이번에도 시장이 큰 변화가 없을 것으로 예상하고, 남아있는 고객 계좌들에 대해 멀찌감치 떨어진 곳에 콜옵션과 풋옵션을 매도하는 합성포지션을 설정하고, 지점업무를 살펴 보았다.

28. 차이나 쇼크와 손실

4월 하순이 되면서 지점은 새로운 점포로 확장 이전을 마무리하였고, 지점의 직원도 2배로 늘어났다. 정규 영업직원들도 다수 있었기 때문에 이들의 영업업무도 관장을 해야 했다. 그런데 4월 말이 되면서 증권시장이 갑자기 급락하기 시작하였다. 중국경기가 둔화되면서 중국시장이 급락하는 차이나 쇼크가 발생한 것이

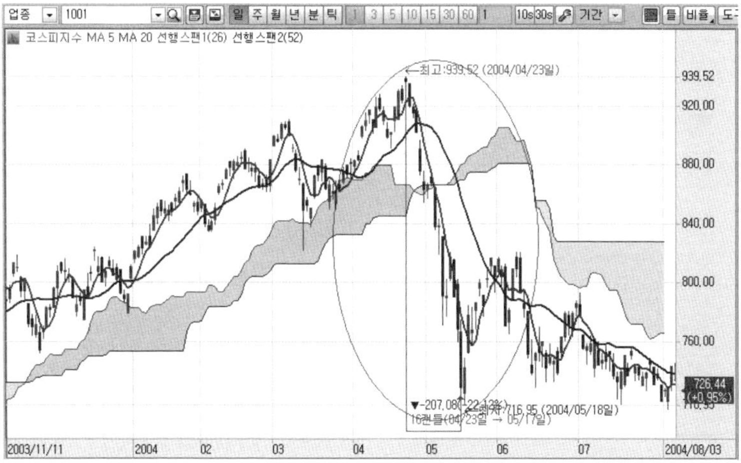

었다. 940포인트까지 올라갔던 주가가 800포인트까지 급락하고 있었다. 지점을 이전하느라 그동안 계좌들을 신경쓰지 못했는데, 주가가 급락하자 다시 내게 어두운 그림자가 다가오고 있었다. 나는 정신을 바짝 차리고, 집 앞에 있는 교회에 매일 새벽기도회에 나가서 간절한 마음으로 이번 위험을 잘 벗어나게 해 달라고 기도했다. 이번에 위기가 온다면 나는 감당할 수 없는 상황이 될 수도 있었다. 이미 2번의 큰 손실로 나는 상당히 많은 금전적 피해를 입었었기에 이번에는 그럴 여력이 없었다.

5월 초가 되자, 나는 너무나 간절한 마음에 연휴기간 동안 금식기도를 하기로 작정하였다. 그리고, 집에서 5일간의 금식기도에 들어갔다. 이전에도 큰 손실을 당하면서 그 고통이 얼마나 크다는 것을 잘 알고 있었기에 지푸라기라도 잡는 심정이었다. 첫째 날 금식은 견딜 수가 있었지만, 둘째 날이 되고, 셋째 날이 되자 배고픔과 더불어 마음에 애절함이 우러 나왔다.

'주님! 이번에 이 어려움을 잘 넘길 수 있도록 제발 도와주세요.'

'더 이상 어려움이 발생하지 않도록 도와주세요.'

'이제는 정말 주님을 위해 열심히 일하겠습니다.'

정말 내 인생 처음으로 5일간 동안 간절한 마음으로 기도를 드렸다. 비록 배는 고프고 몸은 힘들었으나 정신만은 더욱 더 또렸해져 갔다. 5일간의 금식으로 인해 몸무게도 6kg 이상 줄어들었다.

그런데, 내 마음에는 이번에 지점을 옮기면서 내게 다가온 이 어려움이 쉽사리 넘어가지 못할 수도 있을 것이란 생각이 스치고 지나갔다. 또 다른 연단의 시작일 수도 있었다. 서초로얄영업점이 만들어지는 과정을 뒤돌아보면 분명 주님의 인도하심이 있었던 것을 깨달았는데, 그 지점을 떠나게 되었고, 이번에 지점을 옮기는 과정에서는 내 마음에 기쁨보다는 염려와 근심이 가득차게 되었기 때문이었다.

4월 중순부터 하락을 대비하며 안전한 포지션을 설정하였다고는 하였지만, 940포인트 하던 주가가 5월 중순에 속절없이 700선 초반까지 급락하면서 또다시 30억원에 가까운 손실이 발생하였다.

그렇게 조심하고 또 조심하였지만, 이번 손실을 막을 수는 없었다. 이번 손실에서 가장 타격을 입은 사람은 가까운 인척분들과 오랫동안 고객으로 남아있던 지인들이었다. 재작년 10월에 손실이 있었지만, 계속 복구를 해가고 있었던 중이었다. 그때는 내가 가진 현금을 모두 동원해서 손실을 막을 수 있었으나 이젠 그런 여유가 없었다.

29. 전세금을 정리, 고객들과 함께 손실 최소화 노력

이번에 손실이 발생하자 다시 회복할 것이라고 마지막까지 믿고 기다렸던 고객들이 더 이상은 기다릴 수 없다며 찾아왔다. 나도 더 이상 고객계좌를 관리해주면서 손실을 보전해 주는데도 한계가 있었다. 이제 모든 것을 정리하기로 마음을 정했다.

먼저 이전까지 발생한 손실과 내가 그 동안 손실 보전해 준 금액을 정리해 보았다. 적지 않은 금액이 그동안 손실보전을 위해 고객계좌로 들어갔다. 하지만, 내가 넣어준 손실보전 금액은 여러 차례에 걸쳐 입금되면서 큰 도움도 되지 않았을 뿐 아니라 밑 빠진 독에 물붓기하는 것과 같았다. 이번에 어떠한 형태로든 모든 계좌를 정리를 해야 했다.

7월의 어느 날 집 앞에 있는 가까운 커피숍에서 지인들이 함께 모였다. 나는 먼저 손실발생에 대해 깊이 사과를 드렸다. 그리고 그동안 손실보전해 준 금액을 설명하면서 이제 내가 해 드릴 수 있는 자금이 전세자금 외에는 거의 없다는 것을 말씀드렸다. 그 분들은 매우 낙심하고 화를 냈지만, 어찌할 수 없었다. 나는 내가 살고 있던 아파트의 전세보증금 4억원 중에서 2억원을 전세기간이 끝나면 손실보상금액으로 드리기로 약속했다.

그리고 또 다른 고객을 만났다. 그분도 3년간 같이 투자를 해 오셨던 고객이셨는데, 가까운 친구들이 펀드형태로 만든 자금이었다. 그분에게도 똑같은 조건으로 내게 남아 있는 전세자금 2억 원을 전세 기간이 끝나면 빼 드리기로 하고 공증까지 하였다. 이렇게 해서 내가 살고 있던 집의 전세자금까지 빼주기로 하면서 대부분의 손실계좌의 정리를 마무리하고 나니 속이 후련했다.

물론 이들 고객에 대한 손실보전은 의무사항이 아니었지만, 이것이 내가 할 수 있는 최선의 선택이라고 생각되었다. 지금 살고 있는 전셋집의 전세금도 이젠 내 것이 아니었다. 남의 돈을 관리한다는 것이 이렇게 위험한 일이라는 것을 절실히 느낄 수가 있었다.

다행히도 이전에 분양을 받아 놓았던 아파트가 있었는데, 그 아파트의 입주가 내년이었다. 계약금과 중도금의 일부가 들어 간 상태였기에, 그때 가서 그 아파트를 정리하거나 대출받게 되면 옮겨갈 수 있는 집을 마련할 수 있을 것으로 생각했다.

이렇게 해서 많은 분들과 협의를 거쳐 어느 정도 손실계좌에 대한 정리가 마무리되었다. 만일의 사태를 늘 대비한다고는 하였지만 그것이 어느 한계를 넘어서게 되면 나로서는 어쩔 수 없이 손실을 감수해야만 했다. 비록 고객들의 계좌를 관리해 주는 입장이었지만, 나는 고객들과 함께 손실문제를 해결하려고 노력하였다.

이번 손실을 계기로 나는 더 나를 돌아보는 계기가 되었을 뿐만 아니라 나의 신앙을 되돌아보는 계기가 되었다. 도와달라고 외치던 신앙에서 이 시련을 잘 감당하고 해결할 수 있도록 해 달라는 기도로 바뀌었다. 또한 손실을 보게 된 고객들에게도 아픈 상처에 대한 치유와 함께 빠른 회복이 있기를 함께 기도했다.

30. 금감원 감사, 면직을 감수한 당당한 조사

4월의 지점통합과 이전, 그리고 5월의 계좌손실로 어수선한 시간을 보내고, 조금씩 안정을 찾아가려고 할 즈음, 11월의 어느 날 금융감독원에서 갑자기 서초지점에 대한 감사가 내려왔다. 대개는 정기적인 순회감사이기는 했지만, 지난번 손실 건으로 인해 갑자기 지점에서 거래가 급증한 것이 감독원의 표적이 된 것 같았다. 3명의 감독원 직원은 그동안 있었던 지점 거래내역들을 꼼꼼히 살펴 보고 있었다. 금감원 감사는 주로 지점영업에 불법성이 없었는지를 살펴보고, 업무 절차상의 문제가 없는지를 살펴보는 것이 대부분이었다.

감사의 대상은 증권영업을 담당하는 직원들과 투자상담사의 영업에 초점이 맞추어져 있었다. 대부분 직원들의 경우 감사에 큰 문제는 없었다. 하지만, 역시 내가 관리하는 계좌에서 지난 5월 많은 손실이 발생한 것과 주문을 처리하는 상담사 관련 문제가 감사에 걸리게 되었다.

고객은 매매주문을 지금처럼 인터넷으로 주문하는 경우도 있지만, 대부분 증권사 직원들을 통해 주문을 넣게 되어 있었는데, 나는 내 고객의 주문을 투자상담사를 통해 처리하였었다. 그래서 나도 대학후배인 K투자상담사를 지점 계약직으로 채용하고, 그를 통해 내 고객의 주문을 전담 처리하도록 하였던 것이다. 그렇게 하면 투자상담사는 실적성과급을 받게 되었는데, 나는 그 투자상담사로부터 받은 성과급의 대부분을 고객 손실을 복구해 주는데 사용하였던 것이다. 그리고 그 투자상담사를 통해 받은 모든 소득은 국세청에 신고하였고, 이와 함께 고객들에게 손실보전을 해 준 금액도 함께 신고하도록 하였었다. (하지만, 고객에게 손실이 발생했을 때 직원이 어떠한 형태로든 고객에게 손실보전해 주는 것은 불법이다.)

당시, 금융감독원 법규에는 고객의 손실에 대해 증권사 직원이나 투자상담사가 손실을 직접 보전해 주는 것이 법으로 금지되어 있었지만, 국세청관련 신고에서는 고객에게 손실보전을 해 준 경우 비용으로 처리할 수 있도록 인정하고 있었다.

3명의 금감원 직원은 일주일간 지점의 사무실 하나를 차지하고 전반적인 감사에 돌입하였다. 그리고 영업직원과 투자상담사들을 개별적으로 면접하면서 거래내역을 조사하기 시작하였다. 내 주문을 전담해주고 있던 K투자상담사에 대한 감사도 들어갔다. 하지만, 당시 K투자상담사는 지점에 온 지 1년밖에 되지 않았고, 나이가 어렸기에 아직 고객들을 다 파악하지 못했고 마음도 여렸다.

그는 감사를 받게 되자 나에게 찾아와서는

"지점장님, 어떻게 해야 되나요? 제 고객의 대부분은 지점장님 고객인데요?"

나는 그에게 "네가 소신껏 감독원 직원에게 잘 설명해 봐. 그리고 정말 설득이 안 되면, 지점장 고객이라고 사실대로 말을 해도 돼. 걱정하지 마라, 네게 피해가 가게 하지는 않을 테니까."

나는 내심 K투자상담사가 자신의 고객이라고 금감원 직원에게 잘 설명해 주기를 바랬다. 하지만, 어리고 경험이 부족한 K상담사가 그 많은 고객에 대해 자신이 직접 유치하고 관리하는 고객이라고 감독원 직원에게 설명할 수 있을 것이라고는 기대하지 않았다. 나는 이미 감독원 감사가 나에게 화살을 돌리고 있음을 알고 있었기 때문이었다.

몇 시간도 지나지 않아 K상담사는 감독원 직원에게 자신이 관리하는 고객의 대부분은 지점장님이 관리하는 계좌라고 실토를 하고 말았다. 오후에 감독원에서 나온 고과장이 나를 찾았다. 나는 감독원직원들이 모여 감사를 벌이고 있던 방으로 들어갔다. 그들은 K상담사의 거래내역을 모두 출력해서 보고 있었다.

"저를 찾으셨다면서요?"

"네, 지점장님! K상담사 고객에 대해 말씀해 주셔야 할 것 같습니다. K상담사는 아직 나이가 어린데, 이렇게 큰 실적을 낼 수가 없거든요?"

나는 조용히 감독원 직원들을 살펴 보았다. 그리고는 모든 사실을 말하는 것이 순리라고 생각했다. 대부분 감사를 받게 되면 사실을 감추면서 우기는 경우가 많지만, 지금까지 많은 손실경험을 했고, 모두 합의를 보았었기에 이제는 더 숨길 것도 없었다.

"네! K상담사 계좌는 제가 관리하는 고객입니다. 모든 계좌에 대해 상세히 설명을 드리지요."

나는 지난 기간 동안 있었던 사건들을 자세히 설명해 주었다.

고객손실이 발생한 것부터 시작해서 민원이 들어가지 않도록 손실을 직접 보전해 준 것에 대해 숨김없이 설명을 했다. 나의 고객을 K상담사의 고객으로 등록해서 성과급을 받은 것은 잘못이지만 그렇게 해서 받은 성과급으로 모두 손실보전을 해주었다는 설명에 그들도 놀라워했다. 그리고 나는 손실보전을 해주면서 받은 합의서와 신고자료들을 모두 감독원 감사에게 보여주었다. 내가 지난 2년간 고객들에게 손실보전해 준 금액이 30여억원이 넘었다. 그들은 민원이 발생하지 않은 것에 대해 놀랐고, 고객들에게 손실보전해 준 자료가 매우 정확한 것을 보고 또 놀랐다.

감독원의 고과장은 내게 이번 감사가 참으로 힘들었다는 말을 해 주었다. 민원이 하나도 발생하지 않았고, 성실하게 고객들에게 손실보전을 해 준 것은 놀라운 일이지만, 이 정도의 감사 지적사항이라면 면직될 수도 있다는 것을 설명해 주었다. 나는 어떤 결과이든 수용하겠다고 말을 했다. 고객계좌를 일임받아 매매한 것과 고객에게 직접 손실보전을 해주는 행위도 그 규모에 따라 징계사항이 달랐는데, 규모가 너무 커서 면직까지도 가능하다는 것이었다.

31. 명퇴 권유와 3개월 정직 그리고 퇴사

감독원 감사가 마무리되고, 감독원 징계는 3개월 가량의 시간이 소요되었다. 감독원 감사를 받고 징계를 기다리는 상황에서는 지점장 업무를 계속 수행하는 것이 바람직하지 못했기에, 나는 회사에 지점장 자리를 물러나겠다고 보직변경을 요청했다. 그리고, 곧바로 나의 요청이 받아들여지면서 나는 지점장에서 물러나 지점의 영업담당이사가 되었다. 그렇게 2004년은 지나갔고, 나의 힘든 한 해도 마무리되었다.

2월 초가 되면서 회사는 구조조정에 따른 대대적인 명퇴를 발표하였다. 이번 명퇴에서는 100여 명 정도가 명퇴신청을 하였고, 명퇴금도 상당히 많이 책정되어 있었다. 명퇴신청 마지막 날, 오후에 본사의 감사실장이 직접 나를 찾아왔다.

"안녕하세요, 고이사님!"

"어서오세요, 감사실장님! 이렇게 지점까지 다 찾아주셨네요. 무슨 일이신가요?"

"네, 상의드릴 일이 있어서 이렇게 찾아왔습니다."

"네, 무슨 일인가요? 말씀해 주세요."

"지난 11월말에 금감원 감사를 받으셨잖아요?"

"네, 받았죠."

"아무래도 감독원 감사 결과가 좋지 않을 것 같습니다. 지적사항이 너무 무거워 면직이 나올 가능성이 큽니다. 상무님께서 감독원에 잘 설명하고는 계시지만, 쉽지 않을 것 같습니다."

"그래요"

감사실장은

"오늘이 명퇴신청 마지막 날입니다. 이사님! 오늘 명퇴신청을 해 주시면 감독원 징계와 상관없이 명퇴금을 받으실 수 있으니, 명퇴신청을 하시는 것이 좋을 것 같습니다."

나는 조용히 생각을 해 보았다. 감독원 징계가 나오기 전 명퇴를 한다면 명퇴금으로 1억원 이상의 돈을 받을 수가 있었다. 그리고 명퇴를 했기 때문에 감독원의 징계는 아무런 효과가 없게 되는 것이었다. 하지만, 감독원 감사로 인해 나오는 징계는 내가 잘못해서 받는 징계사항인데, 내가 그것을 피한다면 나는 내 잘못에 대해 책임지는 행위가 아니라는 생각이 들었다. 명퇴금도 적지 않았지만, 내 양심이 허락하지를 않았다.

나는 조용히 감사실장에게 말했다.

"감사실장님, 저는 이번에 명퇴신청을 하지 않겠습니다. 감독원 징계에서 면직처분을 받더라도 떳떳하게 징계를 받겠습니다. 명퇴금도 중요하지만, 돈이 중요한 것이 아니라고 생각합니다. 제가 잘못해서 징계를 받는 것인데, 피하지 않겠습니다. 죄송합니다."

이렇게 해서 나는 명퇴신청을 하지 않았다. 그렇게 명퇴신청 기한이 끝나버렸다. 명퇴는 굉장히 좋은 기회였으나 감독원 징계를 온당히 받는 것이 순리라 생각했기 때문이었다. 그리고 이틀 후 감독원의 징계사항이 내려왔다. 징계내용은 '3개월 정직처분'이었다. 면직되지 않은 것이다. 분명 감독원 징계사유에 따르면 면직대상이 되는 것이었으나, 고객의 손실에 대해 최선을 다해 보전해주면서 민원을 발생시키지 않는 것이 고려된 것이다. 징계처분장을 받고 마음이 쓸쓸했다.

감독원의 '3개월 정직처분'은 나에게 휴식과 더불어 나를 돌아보는 시간이었다. 정직기간이 끝나고, 지점으로 돌아오자, 회사에서는 나를 본사로 발령을 내렸다. 처음 본사로 들어갔을 때는 내게 적정한 업무를 줄 것이라고 생각을 했다. 하지만, 막상 본사에 들어가자, 회사는 나에게 아무런 업무도 주지 않았다. 또한 통로 한 구석에 빈 책상만 놓아주고 자리만 지키게 하였다. 일명 대기발령인 것이었다. 예상치 못한 결과였다. 그동안 최고의 실적을 이끌며 지난 5년간 회사에 많은 기여를 했다고 생각했는데, 감독원 징계를 받고 나니, 이제 회사는 나를 더 이상 필요로 하지 않았다.

나는 회사에 미련을 두지 않기로 했다. 그래서 담당임원을 찾아가 퇴사하겠다는 의사를 밝혔고, 회사에서는 6개월 후에 퇴사하는 것으로 정리가 되었다. 퇴사하기 전까지는 출퇴근 없이 자유롭게 지낼 수 있었다. 2006년 3월 교보증권을 정식으로 퇴사하였다. 교보증권에서 수많은 일들이 있었다. 95년 10월 선물옵션팀과 인연을 맺은 후 차익거래시스템을 만들며 잘 나가기도 했지만 IMF로 2년 3개월만에 명퇴를 하게 되었고, 다시 99년 12월 영업점장으로 복귀하여 지난 4년동안 최고의 지점장으로 지냈다. 남들은 억대 연봉을 부러워 하지만, 나는 실적이 가장 좋았던 지난 2년간은 10억원에 가까운 연봉을 받아 보기도 하였다. 911 테러와 두차례에 걸친 손실로 쓰라린 아픔과 함께 400억원에 가까운 손실을 맛보기도 했고, 감독원의 감사와 3개월의 정직징계까지 내가 경험한 과정은 아무나 받는 것은 아니라고 생각한다. 최고의 자리에 올라가게 하신 것도 하나님께 감사드리지만, 쓰라린 아픔과 고통을 잘 감당하게 하신 것도 감사가 아닐 수 없다.

32. 나는 협박에는 굴복하지 않는다

아직도 해결이 안 된 고객이 한 분 있었다. 그분은 영업점 초창기부터 우리 영업점을 찾아와 직접 주식을 매매하고 관리하셨던 일명 큰 손이었다. 나름대로 주식을 크게 하였기 때문에 시장에서도 꽤 영향력이 있었던 것 같다. 처음에는 우리 영업점의 트레이딩룸을 빌려 주식을 매매하시다가 아예 우리 건물 2층의 조그마한 사무실을 임대하여 사용하셨다. 그런데, 그 사무실에서 코스닥 종목을 대량으로 거래하다가 시세조종혐의로 걸려들었고, 검찰조사를 받고 1년간 구속되었었다.

그분은 구속되기 전 내게 계좌를 관리해 달라며 자신의 계좌를 맡겼다. 나는 다른 고객들과 같이 그분의 계좌를 함께 관리해 주었으나 한 동안 그분을 볼 수는 없었다. 그리고 그 계좌도 함께 손실이 나긴 했지만 다행히도 감당할 만한 수준이었다. 얼마 후 그분에게 연락이 되었고, 자신이 데리고 있는 투자전문가가 직접 매매를 해서 계좌를 회복할 것이라면서 매매를 다른 사람에게 일임을 하였다. 그런데, 그 투자전문가라는 사람이 몇 개월 동안 직접 그 계좌를 운영하다가 남아있던 계좌에 추가 손실을 내고 말았다.

그러자 그분은 감독원 감사가 끝난 지 얼마 안되는 12월 말쯤에 나에게 손실을 책임지라면서 나를 찾아 온 것이다. 나는 내가 손실에 대해 전부 책임질 의무가 없지만, 나로 인해 발생한 손실에 대해서는 1년 후에 일부 책임을 지겠다며 손실보전 각서를 작성해 주었다. 그리고 며칠 후 건장한 사람들이 나를 찾아왔다. 내 방에 들어와서는 그분에게 작성해 준 손실보전각서를 위임받았다면서 당장 손실금액을 내 놓으라고 행패를 피우는 것이었다. 일명 해결사였다.

그동안 많은 고객을 상대하면서 손실에 대해서는 최대한 성실하게 보전해 주려고 노력했는데, 이러한 방법으로 내게 협박을 하는 것은 도저히 받아 드릴 수가 없었다. 나는 그 행패를 피우는 해결사에게 확실히 선을 그었다. 당신들은 나와는 아무런 채무관계가 없다. 나는 그분에게 손실에 대해 일부 책임을 지겠다고 했는데, 왜 제3자인 당신들이 마치 채권을 추심하는 행위를 하는가 하고 강하게 대들었다. 그는 일단 한발 물러섰지만, 전화를 하며 지속적으로 괴롭혔다.

하지만, 손실에 대한 도의적 책임을 폭력적이거나 협박으로 대하는 것에 대해서는 나로서는 용납이 되지 않았다. 나는 그분에게 법적으로 해결하자고 요청했고, 그분은 나를 경찰서에 민형사로 고발을 하게 되었다.

얼마 후 서초경찰서에서 연락이 왔다. 그분이 변호사를 선임해서 민형사 고소를 하였다는 것이다.

나는 정당한 방법으로 법적 절차에 따라 조사를 받았다. 그리고 제3자를 통해 나를 위협한 행위도 불법이라며 강하게 항의를 했다. 경찰서에서 조사를 담당한 경찰관이 나에게 조용히 합의를 하자며 합의를 요청하였다. 조사해 보니 합법적인 틀 안에서 이루어진 거래였기 때문에 손실에 대한 책임은 각서 때문에 일부 물을 수 있으나 형사사건에 해당하지는 않는다는 점을 알고 있었다.

경찰서의 조사과정은 법적 처리보다는 합의를 종용하는 모습이었고, 나에게 찾아와서 행패를 피우던 해결사도 내게 자신이 그분을 잘 설득해 줄 테니 합의를 하라고 권하는 것이었다. 그리고는 조용히 나에게 찾아와서는 원만하게 합의가 잘되면 자신에게도 사례를 해 달라고 요구하였다. 나는 그 해결사가 이해가 되지는 않았으나 나중에 여건이 되면 500만원을 후사하겠다는 쪽지를 적어주었다. 그리고 원만한 합의로 모두 마무리되었다.

다행히 그분의 합의금은 그동안 가입해 두었던 적립식 보험금을 해약하여 마련할 수 있었다. 그렇게 해서 그분의 계좌는 경찰서까지 가서 조사를 받았고, 정식으로 합의서를 작성하고, 원만

한 합의가 이루어졌다는 법원 판결문까지 받아두었다. 판결문에는 추후 어떤 요구도 하지 않으며, 합의를 위반할 경우 합의금을 돌려준다고 되어 있었다.

1년이 지난 어느 날, 그 해결사라는 사람이 찾아왔다. 벌써 몇 번을 만난 적이 있었기 때문에 얼굴이 낯이 익었다. 그는 1년 전에 내가 500만원을 후사하겠다고 써준 쪽지를 들고 와서는 나를 괴롭히는 것이었다. 아마도 그 쪽지에 대해서 그분도 알고 있었던 것 같았다. 나는 그분과 함께 해결사와 신사동에서 만나 저녁 식사를 하면서 서로의 안부를 물었고, 그 돈은 내가 성의를 보이는 것이지 의무는 아니라며 선을 그었다. 하지만, 서너 차례 계속 그 해결사로부터 전화 연락이 왔고, 그 후사금을 달라며 나를 다시 압박하는 것이었다.

나는 그 해결사를 집 앞에 있는 커피숍에서 만나자고 약속을 잡았다. 그리고는 이전에 법원에서 받아 두었던 판결문과 합의서와 함께 30만원을 넣은 편지봉투를 함께 가지고 나갔다. 커피숍에서 마주앉아 서로 강한 신경전을 벌이고 있었다. 그 해결사는 나에게 후사하겠다는 쪽지를 보이며 나를 다시 종용하였다.

"고지점장님! 이제 500만원을 해결해 주시죠. 약속대로 1년이 넘었잖아요."

"그 후사금은 법적 책임이 없는데 왜 나를 괴롭히죠?"

나는 조용히 법원 판결문과 합의서를 펼쳐 보이며
"자! 보세요. 이건 작년에 그분과 합의한 합의서와 법원 판결문입니다."
"그런데요?"
"여기 판결문에 보시면, '추후 어떤 요구도 하지 않는다.'라고 되어있고, 이를 위반하면 합의금을 돌려 받을 수 있다고 되어 있습니다. 그 돈을 계속 달라고 하신다면, 나는 그분을 합의서 위반으로 법원에 고발할 것입니다. 어떻게 하시겠어요?"

그 해결사는 법원판결문을 읽고서는 당황해 하고 있었다. 그는 기어들어가는 목소리로
"아니 지금까지 후사금을 받으려고 얼마나 시간을 보냈는데… 그냥 갈 수는 없잖아요?"
나는 조용히 집에서 가지고 나온 봉투를 주면서
"그동안 수고했으니, 30만원만 받아가세요"
"하는 수 없지요. 알겠습니다."

그 해결사는 오히려 나에게 법적 책임을 묻지 않는다는 약속을 받고, 나에게 30만원의 영수증과 함께 그 문제의 후사증을 넘겨주고 조용히 자리를 떠났다.

33. 신불자와 아파트 경매, 바닥으로 추락하다

회사를 퇴직하고, 얼마 되지 않아서 살고 있던 집의 전세기간도 만료되었다. 전세기간이 끝나면 전세보증금 4억원은 2억원씩 손실보전금으로 모두 고객에게 나누어 주도록 되어 있었기 때문에 남는 돈은 하나도 없었다. 그리고 전세기간이 만료되자 그 돈은 내 손을 거치지 않고 곧바로 손실보전을 약속한 고객에게로 입금되었다.

다행히, 3년 전 분양받아 놓았던 아파트의 시세가 많이 올라가 있었고, 전세계약이 끝나는 시점에서 입주예정일이 잡혀 있었다. 나는 직장을 그만 둔 상태였기에 이 아파트를 팔고, 시세차익으로 작은 곳으로 이사를 갈 것인가 아니면 대출을 받아서 입주를 할 것인지를 결정을 해야 했다. 아파트분양권을 처분하게 되면 그래도 3억원 정도는 받을 수 있었다. 마침 농협에서 이 아파트를 담보로 대출금을 받을 수 있는지를 알아보았는데, 무려 7억원까지 가능하다는 것이었다. 그렇게 되면 모든 비용의 조달이 가능해 보였다. 물론 대출금은 추후 상환해야 하지만 아파트 가격이 계속 상승한다면 충분히 가능성이 있어보였다.

이제 가진 재산이라곤 별로 없었기 때문에 집값이 계속 상승할 것으로 예상하고 모험을 한번 걸어 보기로 했다. 최대한 대출을 받아서 이 아파트에 입주를 하기로 결정한 것이다. 그동안 손실 보전금으로 물어 준 돈만 해도 30여억원이 넘었는데, 내 집을 가져야겠다는 생각이 들었다. 약간의 여유 자금도 필요했기 때문에 7억원이 조금 넘는 자금을 대출로 처리했다. 그동안 있었던 여러 손실분쟁도 모두 정리된 상태였기에 안심을 한 것이었다. 그리고 열심히 이자와 원금을 부지런히 갚으면 집이라도 건질 수 있을 것이라는 생각이 들었다.

6월에 새 아파트에 입주를 하였다. 이사를 오고 나서 취미활동으로 색소폰을 배우기 시작하였다.

몇몇 지인들과 함께 색소폰 동아리를 만들고 저녁이면 연습실에 나가서 색소폰을 배우며 즐거운 시간을 보냈다. 아직 직장은 결정된 것이 없었다. 금감원의 징계로 인해 2년간은 증권업종에 취업이 어려웠다. 개인 전문투자자로 활동해보기로 마음을 먹고 있었다. 처음에는 조그만 사무실을 열고 개인 투자자로서 활동을 시작하였지만, 그 비용도 아까워서 사무실을 없애고 집에서 매매를 하였다. 개인적으로 활동은 하였지만, 이렇다 할 큰 성과는 없었다. 매월 나가는 대출금의 이자와 생활비가 상당히 부담이 되었지만, 감당할 만한 수준이었다.

회사를 퇴직하였지만, 아직 끝나지 않은 사건 하나가 나의 발목을 잡고 있었다. 그것은 서초로얄영업점에서 발생한 K대표 손실 건으로 민사소송에 들어간 사건이었다. 2002년 10월에 발생한 손실에서 K대표 고객중 같은 아파트에 살고 있었던 4명의 고객이 함께 뭉쳐 K대표와 지점장, 회사를 상대로 소송을 제기한 사건이 계속 진행되고 있었던 것이다.

이 고객들은 K대표 고객이었기 때문에 나에게는 아무런 책임이 없었으나, 이들은 K대표에 손해배상을 받을 수 없게 되자 지점장이었던 나와 교보증권을 함께 묶어서 관리책임에 대한 소송을 진행한 것이었다. 이 고객들은 과거에도 S증권에서 파생상품을 매매한 경력이 있었지만, 모든 위험에 대한 고지의무와 관리의무를 이행하지 않았다면서 소송을 제기한 것이었다.

처음에 금감원 민원부터 시작해서 대법원 판결까지 가면서 5년간의 치열한 법정 공방을 벌였는데, K대표와 교보증권, 지점장 3명이 손실금의 30%를 물어주라는 최종판결이 나왔다. 나는 이미 회사를 퇴사한 이후였다. K대표는 이미 지점을 떠난 이후였으므로, 결국 손해배상금의 대부분을 교보증권이 물어 주게 되었고, 회사는 나에게 관리책임을 물어 1억2천만원에 대한 손해배상금을 서울보증보험을 통해 청구한 것이었다.

회사에 근무할 때 직원은 누구나 만일의 사태에 대비하여 책임보험에 의무적으로 가입하게 되어있었는데, 소송에서 패소하자 회사는 이 책임보험의 가입범위 내에서 보험금을 청구한 것이다. 서울보증보험은 교보증권에서 청구한 1억2천만원을 회사에 지불하고 나서, 나에게 다시 보험금 청구액인 1억2천만원의 구상권을 행사한 것이었다.

나는 보증보험에 승복할 수 없다며 여러 번 찾아가서 진정과 민원을 제기했지만, 이길 수는 없었다. 보증보험은 원금을 갚을 때까지 나를 신용불량자로 등록시켜 버렸다. 이런 상황이 되면서 2007년 이후부터 경제적 활동에 제약을 받게 되었다. 우선 취업을 할 수가 없었고, 대출금에 대한 상환압박도 함께 들어오기 시작하였다. 이 문제를 해결하기 위해서는 아파트를 정리하는 수밖에 없었다.

하지만, 부동산시장은 마냥 좋을 것 같았는데, 2007년 이후부터 갑자기 냉기가 돌기 시작하더니 거래가 멈추며 아파트 가격이 하락세로 돌아서고 있었다. 황급히 아파트를 부동산에 내놓았지만, 갑자기 거래가 줄어 들어 버린 것이었다. 이 와중에 농협의 대출이자를 3개월 이상 연체하자 농협은 살고 있는 집을 경매에 넘겨 버렸다. 참으로 손을 쓸 수도 없는 상황이 벌어졌다.

부동산에서는 경매에 들어간 아파트라며 거래를 하려 들지 않았다. 그렇다고 경매가 곧장 들어가는 것도 아니었다. 여러 가지 법적 절차를 거치면서 경매가 이루어지기 까지 무려 1년 6개월이상 걸렸고, 대출금의 이자는 법정최고 이자율인 20%를 적용받으며 원금과 이자가 눈덩이처럼 불어나 버렸다.

2009년 6월에 아파트는 11억원이 조금 넘는 금액으로 경매 처분되었다. 하지만, 경매로 인해 엄청나게 불어버린 은행대출금과 연체금, 그리고 여러 비용을 제하고 나니 내가 받을 수 있는 금액은 거의 없었다. 결국 아파트경매로 은행대출금은 모두 정리되었지만, 보증보험의 1억2천만원은 갚을 수가 없었다. 나는 보증보험을 여러 번 찾아갔다.

그리고 분할상환이나 대출같은 방법으로 갚을 수 있도록 금액을 감액해 주고, 신용을 회복시켜 달라고 요청하였다. 그러나 보증보험에서는 이 돈을 다 갚을 때까지는 신용을 회복시켜 줄 수 없다고 하였다. 현재 나는 보증보험에 매달 이자로 일부금액을 지불하고 있지만, 신용은 아직 회복되지 않았다.

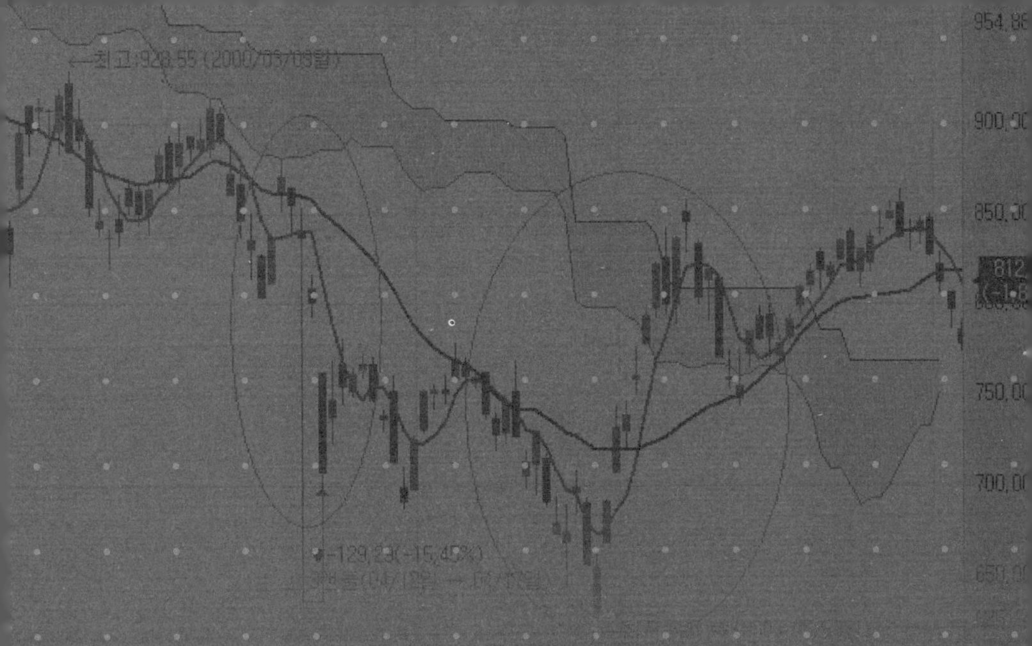

제4편

나의 실패는 나의 멘토다

제4편 나의 실패는 나의 멘토다

34. 초심으로 돌아가 다시 시작하자

교보증권을 퇴사하고 나서 2년여간은 개인투자자로 생활을 하면서 보냈다. 물론 이 기간 중에 그동안 쉬었던 강의도 나갔고, 재단법인 한국주류연구원에 수석연구원으로 입사하여 프로젝트를 수행하기도 하였다. 강의활동과 연구활동은 오랜만에 하는 일이었지만 재미있었다. 사실 강의와 연구활동은 내 적성과도 잘 맞는 것 같았다. 하지만, 결국에는 다시 증권사로 돌아오게 되었다.

2008년 5월경 유진투자증권 서초지점에 계약직 영업이사로 재입사하였다. 재입사한 시점은 막 전세계가 미국의 서브프라임사태로 인해 주가가 하염없이 떨어지던 시기였고, 이후 미국의 리먼브라더스가 파산하면서 시장이 대혼란에 빠지던 시기였다. 2

년동안 증권업계를 떠나 있었기 때문에 감각도 많이 떨어져 있었고 시장의 변동성은 매우 커서 위험성이 높았다. 오랜만에 영업을 하려니 쉽지 않았고, 고객들도 별로 없었다. 그렇다고 위험을 무릅쓰고 싶지는 않았다.

유진투자증권에 있을 때는 별다른 실적을 보여주지 못했지만, 세계적인 금융위기였던 서브프라임사태와 리먼브라더스 파산으로 인한 금융시장의 혼란을 직접 현장에서 경험할 수 있었다. 흥할 때가 있으면 쇠할 때가 있는 법이었다. 개인도 마찬가지 이지만, 세상 이치도 이와 같았다. 2007년에 2000포인트를 넘었던 주가지수가 900포인트 초반까지 급락하면서 수많은 증권투자자들이 손실이 나는 모습을 보았으며, 해외주가지수에 투자했던 펀드들이 원금이 날라가는 손실을 경험하는 것도 보았다. 미국의 다우지수도 15000포인트에서 7000포인트까지 하락하였으니 국내시장도 함께 곤두박질하는 것은 당연한 지도 몰랐다.

아무리 위험을 강조하고, 대비를 한다고 해도 전 세계 시장의 붕괴로 인한 시장위험은 어찌할 수 없다는 사실을 다시 한번 보여주는 것이었다. 재미난 것은 이번 위험이 그동안 내가 다루었던 파생상품 때문에 발생하였다는 사실이었다. 서브프라임사태의 출발점은 미국에서의 과다한 부동산 대출이었지만, 그 부동산 대출채권을 담보로한 CDS라는 상품이 2차적으로 전 세계 금융기관에 판매되었는데, 미국 부동산시장이 붕괴되면서 전세계 금융기관의 붕괴로 연결되었던 것이다.

이뿐만 아니라 2008년에는 다수의 기업들이 환헤지를 잘못하는 바람에 5조원 가까이 손실이 나는 KIKO사태가 발생하였다. 이 또한 외환상품에서 환율변동성에 잘못 대응하는 바람에 발생한 전형적인 위기였는데, 이 KIKO사태에도 외환선물이라는 파생상품구조가 숨어 있었다. 결국 파생상품을 잘 이해하지 못한 상태에서 은행이 무분별하게 그리고 고의적으로 수많은 기업들에게 고위험상품을 팔아 넘긴 것이다. 이제 파생상품은 이미 우리 생활 깊숙한 곳까지 스며들고 있었다.

사실 유진투자증권에서의 영업보다는 증권 관련 강의요청이 종종 있었다. 당시 전익균대표가 운영하던 새빛아카데미에서는 선물옵션강좌를 통해 투자자들과 만나는 시간이 많았고, 내가 경험한 여러 가지 위험과 매매기법들이 강의에 많은 도움을 주었다. 전대표와는 99년에 K&S금융교육원을 시작할 때 처음 만났다. 그는 당시 투자상담사 자격증 강의를 들었던 수강생이었으며, 99년 12월에 서초로얄영업점을 개설할 때에는 계약직 투자상담사로 처음부터 함께 활동하였던 것이 인연이 되었다.

새빛아카데미에서는 선물옵션강의를 주로 담당하였지만, 은행과 증권사에서는 영업직원들을 대상으로 하는 파생상품 교육강의가 많이 들어왔다. 이전에 증권영업을 할 때에 비하면 강의료 수입은 많지는 않았지만, 내게 또 다른 즐거움을 가져 다 주었다.

이런 와중에 한국경제TV에서 강남역에 금융교육센터인 WOWFA(와우파)를 설립한다며 교육과정을 만드는데 도움을 달라는 부탁이 들어왔다. 처음에는 투자상담사과정을 만드는 것이 목표였으나, 실전주식투자와 파생상품투자 교육과정을 개설하였더니 더 많은 수강생들이 몰렸고, 와우파는 교육과정을 실전투자 교육프로그램으로 전환하였다.

이때 실전파생투자 교육과정을 진행하면서 많은 투자자들을 직접 만나서 대화를 나누는 시간이 많았다. 대부분의 교육생들은 실제 파생상품투자에서 엄청난 손실을 경험한 투자자들도 있었다. 파생상품에 대한 개념도 모르면서, 누군가가 대박을 얻었다는 몇몇 사람들의 말만 듣고 뛰어든 경우가 대부분이었다.

특히 이 당시에는 ELW라는 파생상품이 붐을 이루고 있었는데, 대부분은 투자상품에 대한 이해없이 무작정 뛰어들었다가 투자자금의 상당부분을 잃어버리고 있었다. 어떤 면에서는 실전매매를 통해서 직접 체험하는 사례들이었다. 그러나 단순한 경험이라기에는 그 피해가 너무 컸다. 사실 전문가라고 자청하는 나도 파생상품을 매매하면서 수많은 손실경험을 하였는데, 개인투자자들도 그런 경험을 하지 않을 수 없었을 것이다.

증권강좌를 하면서 실적도 없었지만, 증권영업을 함께 하기가 어려울 것 같아 아쉽기는 하지만 유진투자증권을 그만두었다. 그리고 내가 살던 아파트가 경매로 나감에 따라서 서초동에서의 8년간 생활을 마감하고, 다시금 당산동으로 돌아왔다. 당산동은 내가 교보증권에 근무 중이던 97년부터 머물렀던 곳이었기 때문에 마음이 푸근하고 편했다. 이곳을 선택한 것은 초심으로 돌아가고 싶어서였다. 나는 이곳에서 처음부터 다시 시작하기로 마음을 먹었다.

35. 내가 만난 인상깊은 투자자들

2007년경이었던 것으로 기억된다. 집에서 쉬고 있을 때였는데, 오랜만에 조교수님으로부터 전화가 왔다. 교수님은 반갑게 안부를 물어주면서, 경비원으로 근무하고 있는 분에 대한 개인상담을 해 줄 수 있느냐고 하셨다. 나는 기쁜 마음으로 그분과 통화를 하게 되었다.

사연은 이랬다. 그분은 IMF사태가 나기 전부터 사업을 크게 하셨던 것으로 기억된다. 당시 N은행에서 1억원을 대출받아서 당시 3~4만원대 수준이던 포스코주식 2000주와 삼성전자주식 1000주를 매수하여 보유하고 있었다. 금액으로는 1억원이 조금 넘었다. IMF사태가 터지면서 사업은 부도가 나고, 모든 집과 자산이 압류되거나 처분되었다. 물론 그분의 주식도 모두 N은행에 의해 압류처리 되어버렸다. 그리고 많은 어려움을 겪은 가운데, 경비원으로 근무하고 계셨던 것이다.

그런데 2007년 주가가 한창 올라가던 시기에 N은행으로부터 갑자기 IMF당시 대출받았던 1억원의 원금과 연체금을 갚으라는 연락을 받은 것이었다. 모든 재산이 압류되어 처분된 것으로 알고 있었는데, 알고 보니 N은행에서는 그분의 증권계좌를 압류했지만, 개인동의를 받지 못해서 그분의 보유 주식을 처분하지 못하고 있었던 것이었다. 그 사이에 우리 경제가 회복되면서 주가는 급상승하였고, 포스코와 삼성전자 주가는 60만원대를 넘어서고 있었던 것이다. 이제 그분의 주식계좌에는 처분하지 못한 삼성전자와 포스코 주식이 그대로 남아서 20억원대로 불어나 있었다. 그래서 은행에서는 이제 원금과 이자를 갚으라고 독촉을 하게 된 것이었다. 물론 이자가 엄청나게 불어난 상황이었다.

나는 그분에게 원금 이외에 이자를 일부 탕감해 달라고 은행에 요청하라고 말씀을 드렸다. 그분은 본인도 생각지 못했던 인생역전을 이룬 것이었다. 만약 그분의 주식계좌가 압류되지 않았더라면 어떻게 되었을까? 하는 생각을 해 보았다. 그 주식이 있는 사실을 알고 있었다면 훨씬 이전에 그 주식을 처분해서 빚을 갚았을 것이었다. 그러면 20여억원으로 불어나는 행운을 맛볼 수 없었을 것이었다. 고통스러운 기다림이 그분에게는 대박을 가져다 준 사례인 것이다.

또 다른 투자자도 상담을 한 적이 있었다. 지방에서 운수업에 종사하다가 5억이 넘는 퇴직금을 받고 퇴직한 분이셨다. 이분은 이제 노년을 주식투자나 하면서 편안하게 살리라고 다짐하고 계셨었다. 그리고는 유명한 증권방송에서 굉장히 인기가 있었던 주식전문가의 회원으로 가입해서 주식투자를 시작하였다. 그런데, 한번은 이 주식전문가가 주가가 좋지 않을 때에는 선물옵션과 ELW를 소액으로 해 보라고 권하였던 것이다. 처음에는 500만원의 소액으로 옵션투자를 했는데, 몇 번은 재미를 보았던 모양이었다. 하지만, 매매가 반복될수록 손실은 점점 더 커져갔고, 원금에 대한 회복 욕심에 투자자금을 늘리면서 4억원에 가까운 손실을 보게 된 것이었다. 이제 퇴직금이 1억원 정도 밖에 남지 않았다면서 상담을 요청하셨던 것이었다.

나는 이분에게 그 손실금액을 짧은 시간에 회복하기는 어려울 것이라고 말씀을 드렸다. 이분은 손실이 난 파생상품에서 복구하려고 욕심을 피우고 계셨는데, 파생상품에 대해서는 전혀 공부하지도 않고 투자를 하셨던 것이었다. 지금은 어떻게 되었는지 알 수가 없는 상태이다.

때로는 성공을 맛보았던 경험 때문에 오히려 실패를 맛보는 경우도 보았다. C씨는 초창기부터 선물옵션을 매매하셨던 분이셨고 나름대로는 선전을 하고 있었다. 911테러가 터지기 전까지는 큰 이익을 얻지 못했고, 주로 만기일 전후에서 방향성투자를 하는 분이셨다. 원금도 얼마 남지 않은 상태였는데, 911테러가 터지기 며칠 전부터 시장분위기가 좋지 않을 것으로 예상하고 금액은 크지 않았지만, 풋옵션을 500여만원 정도 매수해 두었다. 그런데, 911테러가 터지면서 풋옵션이 폭등하면서 단번에 5억원 정도 큰 수익을 경험하였다.

물론 나는 앞에서 언급한 대로 큰 손실을 본 시기였는데, 아마 C씨가 내 손실을 가져간 분이었다는 생각이 들었다. 하지만, 한 번 맛 본 대박의 희열은 계속해서 C씨에게 공격적인 매매를 하도록 만들었고, 그 이후 이익과 손실이 번갈아 발생하면서 조금씩 수익금을 까먹고 계셨다. 물론 나름대로의 투자전략도 갖고 계셨지만 중독성있는 매매를 하고 계셨다. 한 번의 대박 경험이 때로는 우리를 계속해서 수렁에 빠트리고 있는지도 모르겠다.

36. 이 시련과 고통은 내가 감당해야 할 과정

나는 성경의 인물 중에서 욥을 제일 좋아한다. 고대사회에 살았던 욥은 동방에서 가장 부유한 사람이었다. 양이 7천마리, 낙타가

3천마리, 소가 5백겨리, 암나귀도 5백마리를 가졌으며, 아들 일곱과 딸 셋의 장성한 자녀를 두었고, 하나님도 인정한 의로운 인물이었다. 그런데 어느 날 사탄이 하나님을 찾아와서, 욥이 의로운 것은 재물 때문이며, 그의 재물을 거두게 되면 그는 하나님을 욕할 것이라고 고하였다. 이에 하나님은 욥의 생명만 건드리지 말고, 사탄 마음대로 하도록 허락하셨다. 사탄은 제일 먼저 욥의 모든 소유물을 하루 아침에 날려 버렸고, 그의 열 아들과 딸들도 거친 바람을 일으켜 건물을 무너뜨려서 목숨을 빼앗아 갔다. 욥은 하루아침에 모든 재산과 가족을 잃어버렸다. 그러나 욥은 하나님을 욕하지 않았으며, 오히려 그동안 자신이 누린 부귀영화에 대해 감사를 드렸다. 그리고 참으로 놀라운 고백을 하였다.

'내가 모태에서 알몸으로 나왔사온즉 또한 알몸이 그리로 돌아가올지라 주신 이도 여호와이시요 거두시는 이도 여호와이시니 여호와의 이름이 찬송을 받으실지니이다'(욥기 1:21)

그러자 사탄은 이번에 욥의 발바닥에서 정수리까지 온몸에 종기가 나게 하였다. 욥은 그 고통이 얼마나 참기 어려웠던지 잿더미에 올라 앉아 기와장으로 그의 가려운 몸을 긁었다. 하지만, 욥은 자신이 태어난 것을 저주하기는 하였으나 하나님을 끝까지 신뢰하였다. 그는 다음과 같은 고백을 하였다.

'우리가 하나님께 복을 받았은즉 화도 받지 아니하겠느냐 하고 이 모든 일에 욥이 입술로 범죄하지 아니하니라'(욥기 2:10)

욥에게 닥친 고난은 인간이 감당해야 할 고난 중에서 최고의 고난이었을 것이다. 먼저 전 재산을 잃어야 했고, 열 명의 자녀들을 먼저 보내는 가장 큰 아픔을 겪어야 했으며, 그 몸에 피부병이 생기는 질병으로 고통까지 감당해야 했다. 더욱이 그의 아내는 그를 저주하였고, 그의 친구들은 욥을 비난했다. 모든 것을 잃은 사람 욥이 당하는 고통은 누구도 이해할 수 없을 것이다.

내가 겪은 고통도 감당하기 힘들 정도였다고 생각했는데, 욥의 고통은 어떠했을까 하는 생각이 들었다. 옛말에 '재물을 잃는 것은 조금 잃는 것이요, 친구를 잃는 것은 많이 잃는 것이요, 건강을 잃는 것은 모든 것을 잃는 것이다.'라는 말이 있는데, 욥은 모든 것을 잃어버린 사람이었지만, 그는 오히려 그가 받은 고통을 원망하지 않았다. 참으로 욥의 믿음은 위대한 것이었다. 그래서 나는 힘든 일이 생기면 제일 먼저 욥기를 읽는다. 내게 위로를 주기 때문이다.

고난을 받게 되면서 내 신앙생활을 다시 돌아보게 되었다. 내 신앙생활은 거의 밑바닥이나 마찬가지였다는 생각이 들었다. 나름 오랫동안 신앙생활을 해 왔다고 자부했지만, 돌아보니 주일예배만 겨우 참석하였고, 기도생활이나 말씀은 전혀 읽지를 않았던 것이다. 그래도 '열심히 주일을 지키고 성실하게 살았으니 하나님께서는 내게 많은 축복을 주실거야.'라는 어리석은 생각을 하고 있었던 것이다.

그런데, 몇 번의 위기를 경험하자 나는 간절하게 주님을 찾기 시작하였다. 2004년에 있었던 차이나쇼크 때에는 처음으로 금식기도도 하고, 새벽기도도 나가면서 이 위기에서 회복하게 해 달라고 하나님께 간절히 기도를 드렸다. 하지만, 손실은 커져만 갔고, 금감원 감사를 받고 지점장에서 물러나며 3개월 정직에 회사에서도 버림받게 되었을 때, 처음에는 '왜 하나님은 나를 회복시켜 주지 않는가.'라며 원망을 하기도 하였다.

하지만, 욥기를 읽으면서 내 생각이 조금씩 바뀌기 시작하였다. 이 시련과 고통도 내가 감당해야 할 과정이라는 생각이 들었던 것이다. 그래서 나는 내가 겪는 이 고통을 잘 넘어가게 해 달라고 기도하기 시작하였다. 이젠 회복이 아니라 다가오는 어려움을 견디는 것이 더 중요하다는 사실을 깨닫게 되었다.

지금 내가 겪고 있는 이 고난에도 반드시 뜻이 있을 것이라는 생각이 들었다. 내가 이렇게 고통스럽다면 내 고객들은 어떠했을까 하는 생각을 많이 했다. 그리고 이제는 그들을 위해서 기도한다.

‘주님 나로 인해 손실을 입게 된 여러 고객에게 위로를 해 주세요.’

‘그리고 그들에게 영적회복과 건강 그리고 물질의 축복을 허락해 주세요.’

그동안 내가 받은 것은 하나님이 주신 커다란 축복이었다. 지점이 만들어지는 과정부터 시작해서 고객이 불어나고 1등자리에 올라가기까지 뒤돌아보니 내가 한 것은 정말 아무 것도 없었다. 하나님의 축복이 아니고는 그 과정을 설명할 수 없었다. 그런데, 그러한 축복을 끝까지 지켜야 했던 것은 나의 역할이었지만, 나는 그것을 잘 지키지 못했던 것이다. 그나마 감사하게도 하나님께서는 내게 감당할 수 있는 수준의 고통을 주셨고, 때로는 피할 길도 주셨다. 물론 물질적 손실과 정신적 고통은 참으로 견디기 힘들었으나 이제 지나고 보니 감사한 것이 한 둘이 아니었다.

2006년에 회사를 떠나면서 내 몸에는 피부병이 돋기 시작하였다. 양쪽 다리는 우둘투둘하게 각질이 생겼고, 팔과 온몸에는 붉은 반점이 일어났다. 그리고, 허벅지에는 신경에 생기는 대상포진까지 생겨났다. 처음 다리부터 시작된 피부병은 내 다리 전체를 각질로 뒤덮었고, 차츰 팔과 가슴, 등허리까지 온몸으로 피부병이 올라왔다. 다리는 드러낼 수 없을 정도로 각질이 심했고, 온몸은 가려워서 병원에서 받은 약을 먹지 않고는 잠을 이룰 수가 없었다. 거의 7~8년 가까이 병원에 다녀야 했는데, 피부병이 점차 가라 앉는 듯 싶었으나 조금만 신경을 쓰면 곧바로 몸에 붉은 반점이 올라왔다. 지금도 다리에 난 각질은 완전히 회복되지 않아서 상당히 불편하게 지내고 있다.

욥이 온몸에 난 종기 때문에 너무 가려워 잿더미에 올라 앉아 기와장으로 그 피부를 긁는 장면이 한편으로는 이해가 되었다. 그래도 나는 병원에서 치료를 받을 수 있었지만, 욥은 그 고통을 온몸으로 받아야 했다는 사실에 경외감을 느끼지 않을 수 없었다.

하나님은 왜 욥에게 그런 고통을 주셨을까? 하나님은 욥을 회복시켜 주셨지만, 전능하신 하나님이 하신 일들을 보라고만 하셨다. 아무런 설명도 하지 않으셨다. 욥의 고난도 하나님의 계획 중 하나가 아닐까 하는 생각을 해 본다.

37. 실패라 쓰고 경험이라 읽는다

2012년부터 대학교에서 '경제학 세미나'라는 과목을 담당한 적이 있었다. 이 과목은 경제학에서 세미나 형식으로 자유스럽게 경제이론을 접하는 과목이었다. 나는 이 시간에 재테크경제학이라는 주제로 다양한 분야를 다루었던 적이 있다. 부란 무엇인가?

경기흐름과 경제정책, 금리, 부동산, 주식, 창업, 파생상품 등 다양한 주제로 발표를 가지는 시간이었다.

각 과제를 맡은 학생들은 자료를 조사하고, 발표하였으며, 성공과 실패라는 다양한 사례들을 발표하도록 하였다. 그 시간에서 기억에 남는 한 학생이 있었다. 그 학생은 군대에 가기 전부터 다양한 아르바이트를 경험하였고, 군대를 다녀온 이후에는 인터넷 창업과 주식투자 등을 통해 자신이 경험한 실패 사례들을 발표하였다. 그러면서 자신이 경험한 모든 과정은 아직 성공하지 못한 실패한 경험이지만, 앞으로도 더 많은 경험을 할 것이라며 자신의 경험사례를 발표하는 것이었다. 그러면서 자신은 '실패라 쓰고 경험이라고 읽는다'면서 실패가 가장 소중한 경험이었음을 밝혔다.

나는 그의 발표를 들으면서 참으로 많은 감명을 받았다. 자신이 경험한 실패사례가 단순한 실패가 아닌 경험이었음을 자신있게 말해 주었던 것이다. 지금 내가 겪고 있는 이 실패의 과정도 내가 겪어야 하는 경험일지 모른다는 생각을 하게 되었다.

지금도 나는 숭실대학교 경제학과에서 겸임교수로 출강하며 경제학을 강의하고 있다. 그동안 내가 경험한 성공과 실패의 사례는 대학에서 강의를 할 때 많은 도움을 준다. 경제이론은 설명을 쉽게 하기 위해 비현실적인 가정을 가지고 있다. 따라서 학생들에게 실제적인 사례들을 설명할 때는 다양한 경험이 경제적 현상을 설명하는데 매우 큰 도움을 준다.

한번은 제일은행에서 금융상품을 담당하는 직원들을 대상으로 하는 강의가 들어왔다. 신세계백화점 본점 바로 옆건물에 고딕양식의 대리석건물이 제일은행의 연수원건물로 사용되었던 것으로 기억된다. 강의가 있었던 날은 2010년 11월 11일로 11월 옵션 만기일이었다. 평소 만기일에는 시장이 많이 움직이기 때문에 강의를 하지 않고 매매를 하는 편이었는데, 이날은 4시간 연속강의였기에 거절할 수가 없었다. 강의주제는 증권투자와 금융상품 관련 과목이었던 것으로 생각된다. 강의시간은 1시부터 였기에 그곳 연수원 식당에서 간단히 식사를 한 후, 오전에 매수주문을 넣어 두었던 외가격 풋옵션주문을 모두 취소해 버렸다. 보통 옵션 만기일에는 50만원 정도 투자해서 가능성이 있는 외가격을 사 보는 경우가 종종 있었는데, 이날은 강의가 3시 넘게 끝나기 때문에 모두 취소주문을 낸 것이다.

강의는 1시에 시작되었고, 강의내용이 이론만 하게 되면 다소 딱딱해 질 수도 있었기에 나는 수강생들의 동의를 얻어서 직접 증권사 hts를 띄우고 내가 경험한 파생상품에 대해 설명하고 있었다. 그런데 2시 30분을 넘어서면서 증권시장이 매우 빠르게 움직이는 것을 볼 수 있었고, 2시50분이 되고 동시호가에 들어가자 갑자기 매도물량이 엄청나게 쌓이는 것을 확인할 수 있었다. 그래서 같이 있던 은행직원들에게 옵션시세표를 보여주면서 시장이 크게 급락할 것 같다고 설명을 하였다. 그리고, 잠시 후 3시 동시호가가 되자 주가지수가 무려 50포인트 이상 급락하면서 마감하는 모습을 모든 은행직원들과 함께 지켜보았다. 풋옵션의 외가격이 500배가 되는 장면을 함께 지켜 본 것이다.

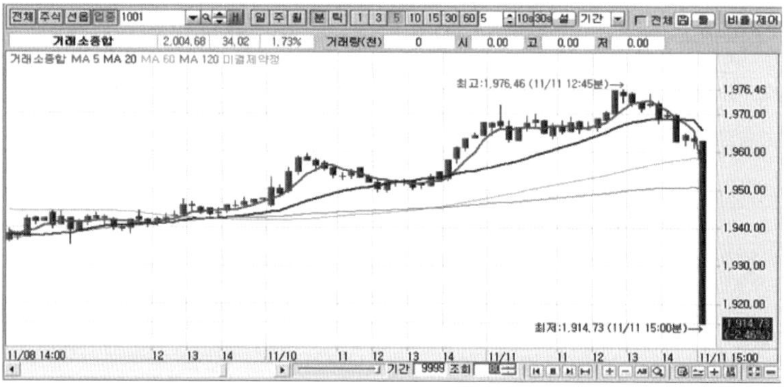

이 날 11월 만기일 동시호가에서 도이치증권이 2조원에 가까운 주식을 매도함에 따라 주가지수가 급락한 것이었다. 주가는 급락하였지만, 풋옵션을 매수한 사람들이나 콜옵션을 매도한 사람들은 대박에 가까운 수익을 얻었고, 반대로 콜옵션을 매수하거나 풋옵션을 매도한 사람은 엄청난 손실이 발생한 것이다. 이날 발생한 손익은 대략 1조원 가까운 금액이었다.

내가 강의에 들어오기 전 바로 취소시켰던 외가격 옵션이 생각났다. 만약 그 주문을 취소처리 하지 않았더라면 대박이 터지는 날이었는데, 나는 한 순간의 기회가 날라가 버렸다. 얼마나 아쉽고 원통한지 몰랐다. 함께 지켜본 은행원들도 놀라서 말을 하지 못했다. 역사적 사건을 바로 현장에서 쳐다본 것이다. '아! 이 물질은 내 것이 아니었구나!'하는 생각이 들었다.

그 사건이 바로 도이치옵션 쇼크 사건이었다. 이날 사건으로 국내 투자자문사인 세이프에셋은 콜과 풋 양매도 포지션을 가지고 있다가 500억원의 손실을 입었고, 결국 파산하고 말았다.

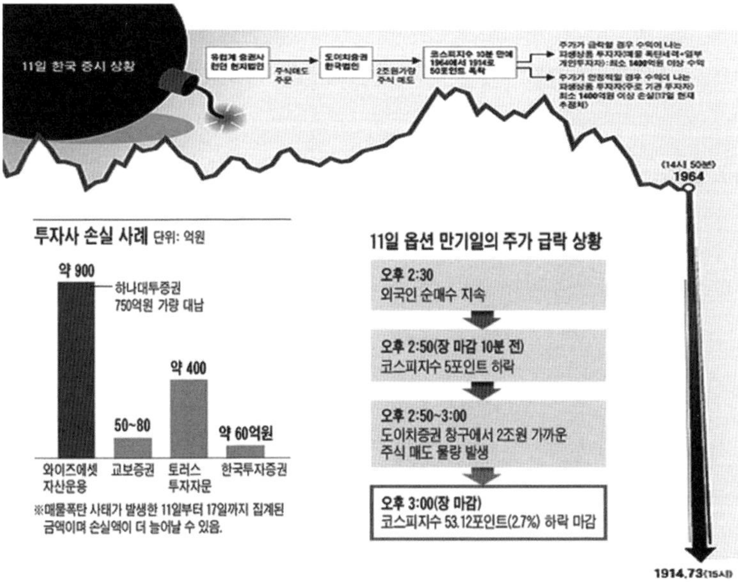

2011년에 청담동에 있는 하나대투증권 지점에서 개인투자자로 활동하고 있을 때, 지점장의 소개로 이 사건을 담당하였던 감독원 과장을 소개받은 적이 있었다. 그는 도이치사건을 조사하기 위해 선물옵션에 대한 의견을 듣고자 했던 것이다. 나는 내가 아는 범위 내에서 선물옵션의 구조와 그에 따른 여러 가지 전략들을 설명하였고, 그날 사건으로 투자자들이 얻을 수 있는 총수익과 총손실이 얼마인가를 정확하게 산출하는 방법을 논의한 적이 있었다.

38. 다시 만난 금융감독원 감사

2010년에 KTB투자증권 서초지점에 잠시 계약직으로 재입사하는 기회가 있었다. 가까운 친구가 KTB투자증권으로 옮겨 가면서 나도 함께 해 보자고 권유해서였다. KTB투자증권은 지점을 이제 막 시작하는 단계였기에 다른 증권사와는 차별화를 두기 위해 지점분위기를 미술관 같은 분위기로 지점을 꾸미고 있었다. 삭막한 일반적인 지점 분위기와는 사뭇 달라 보였다.

KTB투자증권에 입사하여 첫 지점 오리엔테이션과 회식이 있었던 날이었다. 오후까지 회사소개와 간담회가 있었고, 본사에서도 담당임원과 감사가 함께 참석하였었다. 그런데, 감사로 오신

분의 얼굴이 매우 낯이 익었다. 기억을 더듬어 보았더니 그분은 바로 내가 교보증권 서초지점 지점장으로 있을 때 감독원 감사로 나왔던 분이었다. 그분도 나를 알아 보는듯 했다. 나는 저녁 회식 시간 때 그분에게 당시 감사를 나온 이유에 대해 설명을 들을 수 있었다.

그 당시 감독원에서는 압구정동에 있는 H증권 투자상담사를 감사하러 나가게 되어 있었다. 그런데, H증권 상담사를 감사하러 나갔다가 여러가지 사정으로 감사를 할 수 없게 되었고, 하는 수 없이 주변에 있는 다른 증권사의 상담사를 찾다가 우리지점이 표적이 되었다는 것이었다. 결국 감독원 감사는 나에게 화살을 돌리게 되었고, 감사를 통해 징계가 이루어졌다는 것이다. 어찌되었든 세상은 참으로 좁다는 생각이 들었다. 좋은 일이든 나쁜 일이든 이것도 인연인 것을 깨달았다.

신용보증기금에서 내 신용을 회복시켜주지 않았기 때문에 1년을 채우지 못한 채 다시 증권사를 떠나야 했다. 단지 감독원 감사를 나왔던 분이 KTB투자증권의 감사로 다시 한번 만나서 내가 왜 감독원 감사를 받게 되었는지를 알게 되었다는 사실을 확인한 채 말이다.

39. 증권투자 전문가가 되다

개인투자자와 강사로 활동하던 나는 2012년에 와우넷(WOWNET)의 증권전문가로 활동할 수 있는 기회가 주어졌다. 와우파(WOWFA)에서 알고 지냈던 인연으로 한국경제TV의 증권전문가로 들어서게 된 것이다. 강의를 주로 하던 나에게 증권전문가는 또 다른 분야였다.

먼저 매일 아침마다 국내외 증권시장의 움직임을 분석하는 시황글을 써야 했으며, 8시부터 증권방송을 시작해서 증권시장이 끝나는 오후 3시가 넘어서야 방송은 끝났다. 그리고, 오후 늦게 또는 주말에 공개강좌나 무료방송, 교육방송 등을 계속 만들어야만 했다. 고객들을 상대로 방송으로 시황을 전하고 매매방법과 시점을 포착해 주는 것은 쉬운 일이 아니다. 비록 모든 책임은 고객에게 있다고는 하지만, 증권방송을 듣는 개인투자자들은 전문가의 말 한마디에 신경을 집중하고 매매를 따라하게 되어 있었고 그 결과는 곧바로 회원들의 손익으로 나타난다.

손실위험이 크다는 것 때문에 적극적인 매매전략보다는 소극적이고 안정적인 매매방법을 찾다보니 고객들이 많지 않았다. 특히 파생전문가들은 그 부침이 심한 편이라 고객들의 가입과 이탈도 매우 잦은 편이다. 며칠간 수익을 내다가도 하루 이틀만 손실이

나면 곧바로 회원을 탈퇴하는 경우가 많다. 생각보다 고객들은 공격적인 매매기법을 더 선호한다는 것을 후에야 깨달았다. 전문가들 간에도 보이지 않는 회원유치 경쟁이 치열할 뿐 아니라 홍보에도 매우 많은 투자를 하고 있었다. 증권방송에도 정기적으로 출연하여 자신을 알리는 노력을 많이 하는 편이었다.

와우넷에서 시작한 증권전문가 생활은 성공적이지는 못했지만 또 다른 세상을 보는 눈을 만들어 주었으며, 슈어넷과 MBN방송, 리얼스탁 등을 두루 거치면서 다양한 고객들을 접하는 계기를 만들어 주었다. 증권전문가는 내 삶의 한 과정일 뿐이다. 수많은 투자자들과 함께 하면서 그들의 애환을 들을 수 있으며, 내게 시장을 보는 눈을 다시금 가르쳐 주는 역할과 같다. 내가 경험한 매매경험이 증권방송을 통해 조금이나마 개인투자자들에게 도움을 주었으면 하는 마음이지만, 때론 오히려 내가 더 많이 공부하게 되면서 얻는 것이 많았다. 이제는 증권방송을 하는 게 오히려 두렵다. 남들에게 나의 부족함을 드러내는 것이 부끄러워 그런지도 모르겠다.

40. 실패와 고난이 내 삶을 풍요롭게 한다

대학교 1학년 때였던 것으로 기억된다. 매년 여름방학이 되면서클에서는 열흘간의 합숙훈련이 있었고, 교회에서는 일주일간의 여름수련회가 있었다. 나는 이 두가지 프로그램에 한 번도 빠진 적이 없었다. 남들은 취업준비를 한다며 어학원을 다녔지만, 나는 이 기간 중에 많은 것을 배웠던 것으로 기억된다.

당시 교회 청년부를 이끄셨던 조병성목사님이 계셨는데, 다부진 체격에 매우 열정적이셨다. 매주 목요일마다 청년들을 모아놓고 성경공부 모임을 갖기도 하였다. 당시에는 CCC나 IVF 같은 기독교 단체들이 많았고, 예수전도단도 매우 활발하게 활동하던 시기였다.

1학년 때 교회에서는 여름수련회로 강원도 고성군 진부령에 있는 흘리라는 마을을 찾아가 농촌봉사활동을 하였다. 당시에는 강원도 인제에서 시외버스를 타고 군검문소를 거쳐야 들어갈 수 있었던 산간 오지였고, 마을에는 늘 안개가 껴 있었기에 흐리다하여 마을 이름이 흘리였다. 한여름에도 서늘한 기운이 감도는 곳이었다. 그곳에 가서 마을 길도 닦아주고, 주변 농지도 정리해주는 농촌봉사 활동 겸 교회수련회였던 것으로 기억된다. 수련회 기간 중 어느 날 저녁시간에 목사님께서 우리들에게 한 장의 종이를 나누어 주면서 자신의 장래 계획을 구체적으로 세워보라고 하셨다. 이제 갓 대학신입생이던 나는 사실 미래에 대해 구체적으로 생각해 본 적이 없었다. 사회적 경험은 더욱 없었기 때문에 앞으로 다가올 미래가 매우 추상적일 수밖에 없었다. 그래서 나는 그 계획서에 별 의미는 두진 않았지만, 멋진 인생계획을 세워 보았다. '어차피 계획서인데 뭐!'

먼저 '한창 좋은 나이인 20대에서는 대학을 졸업하고, 대학원을 진학하여 박사학위를 받는다. 그리고 30대에서는 결혼을 하고, 직장에 들어가서 직장 경험을 쌓고, 40대에서는 사업가가 되어서 기업을 이룬다. 그리고, 50대에는 대학 교수가 되어 학생들을 가르친다. 60대에는 봉사활동을 하며 노후를 준비한다.'라고 계획서를 세웠다.

우연찮게 집에서 자료를 정리하던 나는 옛날 사진첩에서 빛 바랜 이 계획서를 다시 보게 되었다.비록 똑같지는 않지만, 내가 청년 때에 계획했던 일들이 대부분 이루어졌다는 사실에 나는 놀라지 않을 수 없었다. 아직 이루지 않은 꿈이 있기는 했지만, 어떠한 형태로든 내가 해 보고픈 꿈들이 이루어진 것이었다. 꿈이란 마음에 소망을 담고 있으면 언젠가는 이루어진다는 것을 나는 확인할 수 있었다. 꿈이란 소망임과 동시에 현실이 될 수도 있다는 것이다. 그리고 또 다른 꿈을 만들어가는 것이 모든 사람들의 바램이다.

그러나 문제는 꿈이 이루어진 이후에 실패라는 아픔을 맛보았다는 사실과 그 아픔을 통해 삶의 의미를 다시금 찾아가고 있다는 것이 내겐 중요했다. 젊은 시절에 맛보는 실패와 좌절은 누구나 겪게 되는 인생과정이며 성장을 위한 반복된 인생수업시간이다. 반복된 학습은 그것을 극복하게 하는 힘을 주며 실패와 좌절을 벗어날 수 있는 길을 찾게 만드는 것이다. 내가 해야 할 것은 반복된 실패에서 또 다른 길을 찾는 것이다. 그것이 인생수업인 것이다. 평생을 살면서 이러한 인생수업은 누구에게나 동일하게 주어진 과정이다. 인생수업에서 실패와 좌절을 쉽게 넘어서는 사람이 있는 반면에 그렇지 못한 경우가 더 많음을 알 수 있다. 나도 그렇지만, 우리 주변에는 아픔을 가지고 사는 사람이 기쁨을 가지고 사는 사람보다 더 많다. 아픔의 경험이 없다면 슬퍼하고 고통스러워하는 사람들을 이해할 수가 없을 것이다.

실패나 고난은 내 삶을 풍요롭게 하며, 다시 일어서게 하는 원동력인 동시에 쓰러지고 낙담하게 하는 걸림돌이기도 하다. 성공한 사람들은 실패를 두려워하지 않는다고 누군가는 말하지만, 반대로 성공에 안주하며 위험을 제대로 바라보지 못할 수도 있다는 것을 알아야 한다.

운동선수는 한 번의 시합을 위해 수많은 훈련과 선발과정을 거친다. 훈련과정은 혹독하고 반복된 도전이지만 실패는 아니다. 아직 본 경기가 남아있기에 그 과정은 꿈을 이루기 위한 땀흘림이다. 하지만, 이제 더 이상 운동선수로서 꿈을 가질 수 없다면 실패라는 아픔을 맛보게 될 것이다.

운동선수가 더 이상 운동을 하지 못한다고 해도 좌절할 필요는 없다. 운동지도자로서의 길을 찾는다면 단지 내가 이루지 못한 꿈을 또 다른 운동선수를 통해 간접적인 방법으로 이루게 할 수도 있다. 그게 아니라면 새로운 방향으로 인생경로를 찾으면 된다. 단지 한가지 방법만 고수할 때 성공하지 못할 가능성이 크다. 한우물만 파라는 것은 성공을 위해 집중하라는 의미이지 한가지 방법만 고수하라는 의미는 아니다. 나는 지금까지 내가 겪어 온 과정에 대해 성공했다고 말할 수는 없지만, 이제 새로운 방법으로 내 꿈을 다시 준비할 것이다.

얼마 전 캄보디아를 다녀올 기회가 있었다. 캄보디아는 1980년대까지 내전으로 인해 수많은 사람이 고문과 학살을 당한 곳이었다. 그 당시 수도 프놈펜에 거주하던 주민, 자본가, 기술자, 학자, 지식인들의 모든 재산과 신분을 박탈하고 교외 집단농장으로 강제이주 시킨 후, 수많은 학살이 자행되면서 킬링필드가 생겨났다. 이제 정권이 안정되면서 시장경제체제가 시작되기는 하였지만, 경제성장을 이끌어야 할 수많은 지식인들이 사라지면서 상당히 어려운 환경에 있는 모습을 보았다. 이제 캄보디아는 70년대 초반의 우리나라와 같은 어수선한 경제환경이지만, 수도 프놈

펜은 개발의 붐이 막 일어나면서 부동산가격도 급등하고, 곳곳에 건물들이 들어서는 중이었다. 기회가 많은 땅이라는 생각이 들었다. 우리는 이미 이러한 경제현상들을 한 번 경험했기에 앞으로의 캄보디아는 정치적 안정만 이룬다면 우리나라가 밟아온 성장과정을 비슷하게 따라올 것으로 보였다. 어떤 분야가 성장할 것인가도 쉽게 눈에 들어왔다. 우리가 여러 개도국보다 앞서 발전하였기에 경험을 통해 캄보디아나 베트남에서 앞으로 일어날 과정을 짐작할 수 있을 것이라는 점이다. 캄보디아를 보면서 경험은 미래를 보는 눈을 만들어주는 것 같다는 생각이 들었다.

캄보디아 프놈펜에서 대학교수로서 선교활동을 하고 있는 후배를 만났다. 그는 캄보디아에 정착한지 10년 이상 되었는데, 이미 얼굴은 검게 타고 옷도 현지인처럼 입고 있어서 마치 현지인같은 느낌을 받았다. 그는 그곳에서 자신의 인생 중에서 가장 중요한 시간을 가족들과 함께 무보수로 일하고 있었다. 참으로 놀라운 것은 그 곳 생활에 감사하고 있었으며, 캄보디아를 복음화시키는데 소명을 가지고 있었다.

내가 성공이라는 인생의 화려한 목표를 향해 달려가고 있을 때 후배인 박선교사는 자신의 청춘을 그곳에서 즐거운 마음으로 바치고 있었다. 그는 대학에서 건축학을 전공하고 박사과정까지 마친 수재였으며, 서울에서 좋은 직장도 있었지만, 그 모든 것을 포기하고 캄보디아를 선택하는 삶을 택했던 것이다. 삶의 가치관은 물질에 있지 않다는 점을 다시 한번 깨닫게 되었다. 나도 언젠가는 저런 모습으로 남들을 도와주며 살고 싶다는 생각이 들었다.

41. 실패는 단지 선택받지 못한 과정일 뿐!

우리는 늘 성공에 대해 이야기한다. 하지만, 성공의 뒤편에는 실패와 고통이 있고, 그 실패하는 삶이 성공하는 삶보다는 더 많은 비중을 차지할 것이라고 생각된다. 실패하면 뒤쳐진 인생일까? 그렇지 않다. 단지 성공의 이면이 실패일 뿐이며, 우리는 늘 성공과 실패의 반복된 삶을 살고 있는 것이다. 그리고 성공은 실패보다 더 이루기 힘들기 때문에 열광하는 지도 모른다. 어찌 보면 성공하였다는 것이 상위 5%의 삶을 의미한다면 실패하는 삶의 95%는 평범한 삶의 모습일지도 모른다. 단지 성공과 실패에 대한 크기와 깊이에 차이가 있을 뿐이다. 모든 일에는 반드시 결과가 따르기 마련이다. 나는 성공이라는 자리에 올라가 보았고, 실패하는 아픔의 자리도 내려와 보았다. 그런데 그 과정은 단지 삶의 연속적인 과정이었음을 알았다.

대부분의 사람들에게 있어서 성공을 평가하는 가장 쉬운 잣대가 첫째로 물질이다. 재산을 많이 모았으면 성공한 인생이고, 재산이 없으면 실패한 인생이다. 그러나 이것은 현대인의 평가방법일 뿐 과거에는 그렇지 않았다는 점을 명심해야 한다. 성공을 평가하는 방법 중에는 부와 명예, 인간관계, 권력 등을 들 수 있다. 하지만, 예술가들에게 있어서 성공의 잣대는 누구나 좋아하는 음악이나 그림, 또는 문학작품이다. 성공이란 서로에게 긍정적인 영향을 미치는 모든 것이며, 누구나가 인정하는 과정이라고 생각한다. 그렇다면 실패란 성공에 이르지 못한 부정적인 영향을 미치는 모든 것일까? 아니다. 실패는 단지 선택받지 못한 과정일 수도 있으며, 성공에 도달하지 못한 과정일 수도 있다. 누구나 올라가는 길과 내려가는 길을 걷게 된다. 그 길이 누구에게는 힘든 길이 될 수도 있으며, 또 다른 누구에게는 쉬운 길이 될 수도 있다. 각 사람에게 주어진 역할과 능력, 환경이 삶의 모습을 다르게 보이게 할 뿐이다.

42. 투자자로 산다는 것은

이제 증권시장에 발을 들여 놓은 지도 어느덧 20년이 지났다. 95년 10월에 처음 선물옵션팀에 입사했을 때의 설레임과 기대감은 이제 아련한 기억이 되어버렸고, 그동안 IMF사태와 911테러, 서브프라임사태와 금융위기, 도이치쇼크사태, 최근의 금융위기까지 수많은 시장의 충격과 변동을 경험하며 상처를 입었다. 한

마디로 증권시장은 경제의 조그만 변화에도 매우 민감하게 반응하는 바로미터와 같다는 것을 직접 체험하고 피부로 느꼈다. 사소하게 느낄 수 있는 정책이나 흐름에도 민감하게 반응하는 금융시장을 보면서 마치 무엇엔가 홀린 듯한 경험을 너무나도 많이 하였다. 특히 IMF를 거치면서 국내시장도 해외시장의 움직임에 민감하게 반응하면서 시장의 흐름을 파악하는 것이 얼마나 어려운 가를 다시 한번 경험하였다.

10번에 걸쳐 수익을 내다가도 단 1번의 손실이 치명타가 되는 경우도 허다하게 보고 경험하였다. 정신없이 수익이라는 신기루 같은 목표를 쫓아 가다 보면 어느새 상처투성이가 되는 경우를 많이 보았다. 손실을 보고 떠나는 고객이 있는 반면에 새롭게 진입하는 고객들을 보면서 어떤 때는 저들도 손실과 이익을 반복하는 동일한 경험을 할 것이라는 생각을 하게 되었다. 단기간에 수백 또는 수천만원의 수익이 나오는 것을 보면 한달동안 직장에서 갖은 고생을 하며 땀을 흘려 받는 급여가 매우 초라하게 느껴질 것이라는 생각도 든다. 하지만, 반대로 그렇게 땀 흘려 모은 돈을 한 순간의 판단실수로 모두 날려버리는 안타까운 상황들을 접하면서 쉽사리 범접할 수 없는 영역일 수도 있음을 깨달았다.

증권업에 종사한다는 것은 어떤 의미가 있을까? 많은 분들 중에서 주식투자를 하다가 큰 손실을 경험한 분들은 절대 주식을 쳐다 보아서는 안된다고 말하는 분들도 계신다. 또한 선물옵션과 같은 파생상품은 매우 위험한 도박이라며 손을 젖기도 한다. 그런데 나는 그런 위험한 환경 속에서 트레이딩을 하며 살아가고 있다. 여러 번의 손실을 입고 나서는 과연 이것이 내가 가야 할 길인가 하고 되묻기도 하였지만, 지금까지 경험한 과정이 내게는 가장 소중한 자산일 것이라는 생각이 들었다. 증권시장은 피를 말리는 치열한 싸움이 일어나는 전쟁터이다. 이 시장에서는 동정이나 연민같은 감성은 전혀 필요가 없고, 냉철하고 합리적인 판단만이 생존할 수 있는 시장이다. 승자에게는 모든 것을 가질 수 있는 기회가 주어지지만, 대부분의 패자들은 더 이상 투자할 자금이 없어서 라면으로 식사를 때우면서 겨우 마련한 소액자금으로 대박의 기회를 다시 엿보는 경우가 비일비재하다. 더욱이 이 시장을 떠나지 못해 각종 증권투자설명회 등에는 초라한 모습으로 참여하는 투자자들을 너무나 많이 보게 된다. 그들에게는 그 어떤 백마디 위로의 말 보다는 손실을 회복하기 위한 방법이나 재료가 있는 종목을 알려주는 것이 보다 더 효율적이다.

온종일 컴퓨터 앞에 앉아서 증권시장의 차트를 쳐다보고 있노라면 그 움직임에 희열과 공포, 안타까움, 분노와 좌절 같은 수많은 감정을 느끼게 된다. 마치 내 앞에서 전 세계 경제흐름이 한눈에 들어오고 그 움직임에 몸을 맡기고 살아가고 있는 내 모습을 본다. 긴장과 초조함에 온통 내 몸의 신경은 곤두서 있기에 장

중에는 어떤 소리도 들어오지 않는다. 때로는 식사도 거르고, 장이 끝난 후에도 해외시장에 온 정신을 곤두세우다 보면 신경도 날카로워지기도 한다. 그나마 수익이 있을 때에는 여유가 있지만, 손실이 발생하고 있는 경우에는 아무것도 손에 잡히지 않고, 매매에만 온 신경이 가 있을 때가 많았다.

하지만, 이제는 여유를 갖는다. 수익에 안달하지도 않으며, 손실에 조급해 하지도 않는다. 위험을 최대한 피하고, 최소한의 수익으로 만족하는 법을 배우고 있다. 내가 시장을 어떻게 대하느냐에 따라서 안정적인 시장이기도 하지만, 투기적인 시장이 되기도 하는 것을 깨달았다.

수백억원을 운영하던 경험도 모두 지워버렸다. 그것에 연연하다가 더 많은 것을 잃어버릴 수 있기에 이젠 작은 만족에 즐거워한다. 증권시장에서 욕심과 극단적인 공포는 투자자를 망하게 하는 지름길이다. 얼마나 자신을 잘 다스리느냐에 따라서 안정적인 시장이 될 수도 있고, 투기장이 될 수도 있다. 진정한 트레이더는 욕심을 버리는 것임을 이제야 조금 알 것 같다.

주식투자나 파생상품을 매매하는 것은 죄악이나 선과 같은 도덕적 대상이 아니다. 증권시장은 단지 주어진 경제적 환경과 시스템일 뿐이다. 그런데, 어떤 사람들는 증권시장에서 얻는 돈은 아무런 노력없이 쉽게 버는 돈으로서 무노동시장이라고 말하기도 한다. 그러나 나는 확실히 아니라고 말한다. 증권시장에서 돈을 버는 것은 기회의 선택행위일 뿐이다. 시장의 흐름을 이해하고, 그 흐름에 대한 투자를 주식이나 파생상품으로 선택하여 거래하는 것 뿐이다. 그리고 그 거래에도 많은 위험이 내재하고 있음을 투자자들도 알고 있는 것이다. 그 위험을 무릅쓰며 매매하는 사람들을 증권투자자라고 한다.

부동산이 올라갈 것으로 판단하고 앞서 투자하는 사람들을 부동산 투기꾼이라고 하지만, 그들은 그에 따른 위험부담을 함께 가지고 간다. 단지 그 위험을 어떻게 하면 최소화할지를 경험을 통해 익히고 학습하였다. 그래서 그들은 부동산 전문가가 되었다.

증권시장에서 파생상품은 평범한 사람들이 접하기에는 쉽지 않은 곳이다. 이 시장은 돈을 움직이는 곳이기 때문이다. 돈이란 물건을 편리하게 거래할 수 있도록 하기 위해 만들어진 수단인데, 이젠 그 돈 자체도 거래의 대상이 되었고, 그것이 외환시장이고 화폐시장이다. 이제 세상에서는 거래하지 못할 것이 없다. 이제는 환경이라는 오염물질도 거래가 되며, 보이지 않는 공기도 거래하는 시대가 되었다.

인간은 모든 것을 가지고자 하는 본능이 존재한다. 경제학에서는 이를 희소성 때문이라고 하지만, 내가 생각하기에는 하나님이 인간에게 부여한 욕심이 아닐까 생각한다. 세상에서 가장 아름다운 지상낙원 에덴동산에서도 모든 것을 가진 인간 아담과 이브는 선악과라는 열매에 자신의 영혼을 넘겨주었다.

나는 비록 트레이더로 살아가고 있지만, 더 많은 것을 얻고자 하는 욕심보다는 매매 자체를 즐기는 삶을 살아가고 싶다. 삶의 희열을 맛보는, 아름다운 인생의 거래들을 이루어 가는 트레이더가 되고 싶다. 그래서 이제는 시장 자체의 움직임을 즐기련다. 마치 아름다운 음악의 멜로디처럼, 내릴 때가 있으면 올라갈 때가 있다는 것을 즐기며 매매하련다.